L'ART ISLAMIQUE

BASSIN MÉDITERRANÉEN

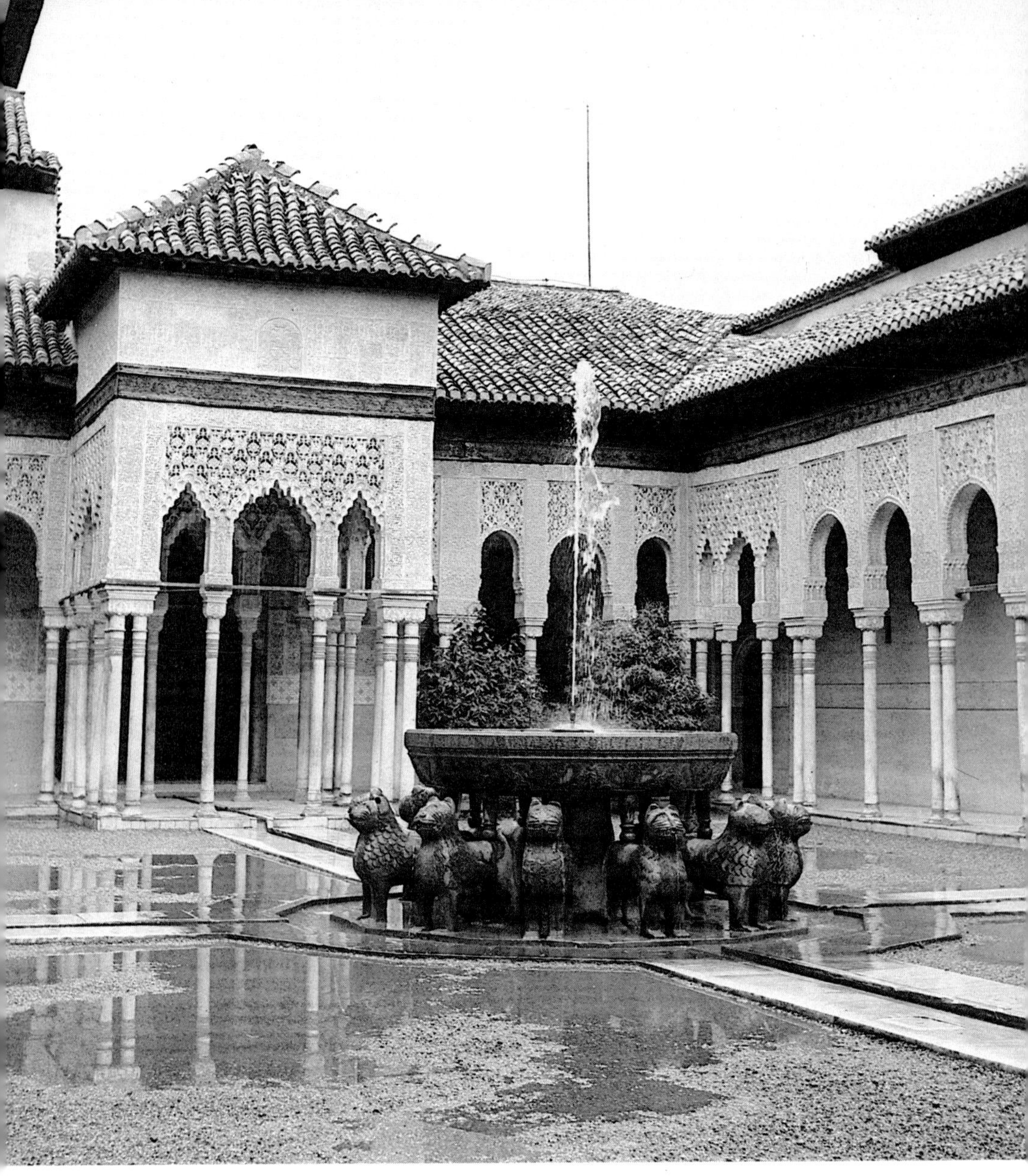

Grenade, Alhambra, la cour des Lions. Photo J. Bottin.

la grammaire des styles

L'ART ISLAMIQUE

Bassin méditerranéen

par
Hayat Salam Liebich

Flammarion

Illustration de la couverture :
Cordoue, intérieur de la Grande Mosquée.

Printed in France
ISBN : 2-08-010351-2

INTRODUCTION

Appellation

Le terme islamique, dans l'expression art islamique, ne désigne pas l'art particulier à une religion, mais à une culture ou civilisation dont la classe dirigeante et la majorité de la population professaient l'Islam. L'art islamique n'est pas un art religieux comme l'art chrétien ou l'art bouddhiste, mais, tout comme gothique ou baroque, il désigne un moment ou une époque dans l'histoire de l'art.

Domaine

L'art islamique se répandit dans l'immense territoire conquis par les musulmans et qui s'étendait du Maroc et de l'Espagne, à l'ouest, jusqu'en Inde et en Asie centrale, à l'est. Ce volume, cependant, se limitera à la présentation de l'art islamique dans le bassin méditerranéen et couvrira donc la Syrie, la Palestine et l'Iraq, l'Égypte, la Turquie, l'Afrique du Nord et l'Espagne — l'art islamique en Asie faisant le sujet d'un ouvrage à part.

Durée

Chronologiquement, l'art islamique dura près de mille ans, de l'épanouissement artistique du début du VIIIe siècle jusqu'à son déclin, à la fin du XVIIIe siècle, alors qu'il subit de profondes transformations sous l'influence des tendances occidentales de la création artistique.

Origines

L'Islam, la troisième des religions révélées, est fondé sur la « soumission à Dieu » ou *islam* et sur l'obéissance à son Envoyé, le prophète Muhammad (Mahomet). L'Islam est né en Arabie et son origine se situe en l'an 622, date de l'Hégire ou de l'émigration du Prophète de La Mecque à Médine.

Dans le Coran, livre sacré des musulmans et recueil de tous les textes qui furent révélés par Dieu à Muhammad, ainsi que dans les hadiths, *Traditions des dits et faits du Prophète*, codifiés au IXe siècle, on retrouve des directives d'ordre religieux aussi bien que social et légal qui couvrent tous les aspects de la vie quotidienne des croyants. Ceci permit donc à l'Islam d'établir un ordre politique sur de vastes territoires dans un cadre d'unité et d'uniformité.

A cette unité religieuse et laïque du monde musulman s'ajoute une unité créée par la langue arabe qui s'est toujours imposée aux peuples convertis à l'Islam. Parce qu'elle servit à la transcription des versets du Coran, l'écriture arabe devint le véhicule du message divin et un facteur d'unification et d'identification du monde islamique. En outre, avec l'expansion de l'Islam, l'arabe devint la langue des lettres et des sciences dans laquelle, systématiquement, les diverses matières étaient traduites, étudiées et documentées.

Unité et diversité

Dans le bassin méditerranéen, le monde islamique englobant diverses ethnies et nations, avec des variantes géographiques et climatiques mais unifié par la religion et la prédominance de la langue arabe, se crée avec une rapidité étonnante une identité propre, un mode de pensée et d'action commun et un art distinctif.

Nous verrons que les créations artistiques ont entre elles un air de parenté qui les distingue et les identifie et des traits communs qui les caractérisent. Il ne faudrait cependant pas en inférer une uniformisation de l'art islamique, car à travers une unité globale incontestable apparaît une diversité née de caractéristiques locales et régionales.

Notre propos, dans cet ouvrage, est de présenter les caractères généraux de l'art islamique, d'établir les éléments saillants de l'architecture et de la décoration et enfin de souligner les développements régionaux autour du bassin méditerranéen.

CARACTÈRES GÉNÉRAUX

Le monde islamique développe rapidement un art riche et varié, de grande envergure. Sans aucun apport artistique de l'Arabie, mais puisant dans le passé classique, byzantin, persan et oriental des peuples conquis et utilisant des éléments et des techniques connus, les musulmans réalisent une production artistique particulière et exclusivement islamique. Du choix de certains motifs, du mélange des formes et de la juxtaposition d'éléments particuliers, est né un art original typiquement islamique. Les monuments et les objets ainsi produits dans les matériaux et les techniques les plus divers ont un air de famille et utilisent un vocabulaire artistique commun.

Comment expliquer cette très étroite parenté? Quels sont ses traits généraux et quels sont ses facteurs d'uniformité?

— Un facteur important, qui contribua à une communauté de goût, est la reconnaissance du siège du calife comme centre de la vie culturelle et artistique. L'Islam étant avant tout une civilisation urbaine, de grandes villes anciennes telles que Damas et Constantinople (Istanbul) deviennent capitales de grands empires, et de nouvelles villes comme Baghdad,

Samarra et Le Caire sont créées et servent de capitales dynastiques. Ces villes, sièges de califes et de princes, deviennent des modèles que l'on admire et imite; elles attirent artistes et artisans qui y établissent les normes du bon goût et en font des centres de rayonnement et de diffusion de formes, de genres et d'idées.

— Cette civilisation islamique urbaine a déployé une grande activité architecturale et encouragé la construction d'un grand nombre d'édifices. L'essor de l'architecture est représenté par d'innombrables types de monuments qui donnèrent aux villes islamiques leur profil facilement identifiable. On retrouve de Baghdad à Cordoue des monuments aux fonctions identiques : certains de création islamique et exclusivement musulmans, comme la mosquée et la *madrasa*, d'autres, tels les palais princiers, les *hammams* (bains) et les caravansérails, moins typiques, mais jouissant d'un intérêt particulier dans le monde islamique.

— Les pays de l'Islam furent aussi de grands centres d'objets manufacturés et la masse d'objets existants en métal, en verre, en céramique, en bois ou en ivoire comportent des caractères identiques. Ces objets sont des articles d'usage courant et leur surface est richement ornée de motifs variés et de vastes programmes iconographiques. Les mêmes thèmes et motifs se retrouvent d'une technique à l'autre et reflètent souvent une origine princière. Les grands trésors impériaux et les objets luxueux dont on faisait usage dans les cours princières et que l'on envoyait dans le monde islamique entier devenaient symboles de gloire et de bon goût. Ainsi les thèmes et les styles créés dans les cours des princes étaient-ils automatiquement transmis à d'autres milieux sociaux où ils étaient imités et où ils devenaient source principale d'inspiration pour la bourgeoisie urbaine.

— Une caractéristique majeure des arts islamiques, facteur d'identification en tous lieux et tous temps, est l'importance accordée à la décoration des surfaces. Les innombrables monuments et objets qui existent encore témoignent d'un goût constant pour l'abondance et la richesse du décor.

L'ornement est généralement enveloppant et utilise un nombre donné de formules décoratives, apparemment régies par certains principes qui favorisent la répétition des formes, la symétrie des éléments et la possibilité d'étaler un programme ornemental *ad infinitum.*

— Un dernier facteur qui donna aux arts islamiques leur cachet particulier est l'utilisation de l'écriture arabe comme élément de décoration et d'iconographie sur les monuments aussi bien que sur les objets. Reconnu visuellement par tous, l'arabe confirme l'appartenance culturelle de l'objet qu'il orne.

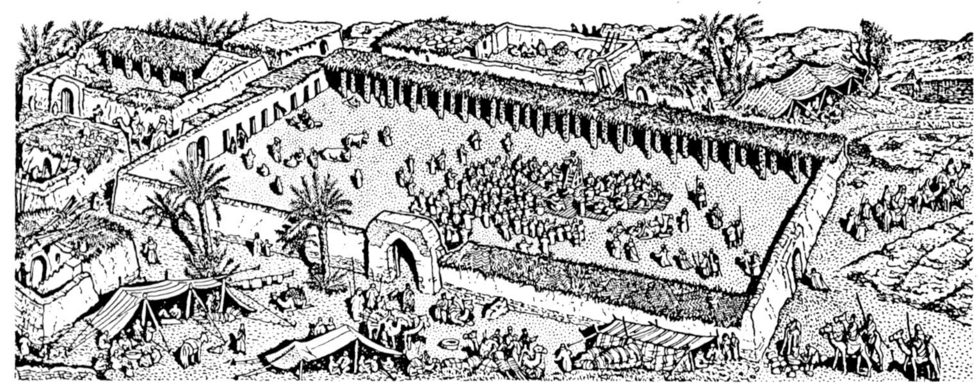

Médine, la maison du prophète Muhammad, vue générale. D'après Leacroft, The Buildings of Early Islam.

Cordoue, plan de la Grande Mosquée agrandie à quatre reprises.
1. Mosquée d'Abd er-Rahmân.
2. Addition d'Abd er-Rahmân II.
3. Addition d'El-Kakam II.
4. Addition d'El-Mansur.
D'après Hoag, Islamic Architecture.

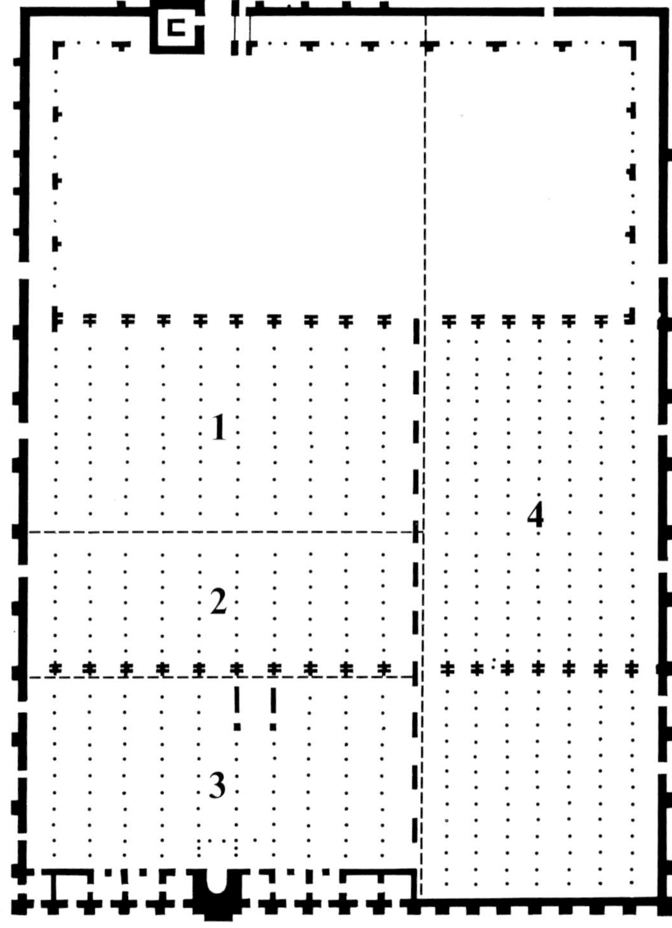

LES MONUMENTS

L'architecture religieuse

Les mosquées

De toutes les constructions musulmanes, la mosquée demeure le monument islamique par excellence. C'est le temple de l'Islam qui se retrouve nécessairement là où l'Islam s'est imposé.

Le terme mosquée, en arabe *masjid*, c'est-à-dire lieu de prosternation et d'adoration, désignait à l'origine tout lieu de prière. Avec le temps, *masjid* a été réservé aux petites mosquées ou sanctuaires, tandis que l'expression *masjid al-jami* ou simplement *jami* (l'assemblante) désigne les grandes mosquées où se prononce l'oraison du vendredi. Dans le mot *jami* nous retrouvons aussi le caractère de cet édifice sacré. C'est le lieu de réunion des fidèles, tant pour l'accomplissement en commun du rite de la prière que pour les rencontres politiques et sociales. C'est le forum de l'Islam.

Quant à la forme de la mosquée, elle puise son origine dans la maison même du prophète Muhammad, à Médine. Maison typique de son temps, de plan traditionnel, consistant en une large cour entourée d'une muraille et sur laquelle donnent diverses pièces d'occupation familiale, la demeure du prophète est dotée d'une partie ombragée *(zullah)* formée de troncs de palmiers supportant une toiture de palmes et de terre, pour protéger les fidèles du soleil.

C'est cette idée d'un espace oblong consistant en une cour à ciel ouvert et en une partie couverte reposant sur des piliers qui fut utilisée dans les campements militaires comme lieu de prière (par exemple à Kufa, Basra et Fustat).

Durant cette phase, certaines modifications et structures furent introduites et systématisées : le côté sud, dans la direction de La Mecque, fut agrandi et organisé en nombreuses rangées de piliers avec une toiture, pour former une salle de prière *(haram)*, tandis que les trois autres côtés étaient aménagés en portiques *(riwaqs)*. La mosquée à cour était née et allait se répandre avec des variations locales dans le bassin méditerranéen, à l'exception de la Turquie. D'une flexibilité extrême, sans façade définie et fondée sur la multiplication des supports, elle pouvait s'adapter aux changements démographiques, s'agrandir avec la croissance de la population (comme ce fut le cas à maintes reprises à Cordoue) ou se réduire pour une population décroissante, telle la mosquée al-Aqsa à Jérusalem.

Les premières mosquées acquirent rapidement certains éléments qui devinrent caractéristiques et inséparables : ce sont le minaret, la fontaine d'ablution, le *mihrab* et le *minbar*. A part cela, il n'y a aucune prescription religieuse, ni aucun ameublement rituel.

Le minaret, qui identifie de loin toute agglomération islamique, est une tour d'où le *muezzin* appelle les fidèles à la prière, cinq fois par jour. Malgré sa fonction religieuse bien définie, il doit aussi être perçu, surtout à son origine, comme un symbole de l'Islam. Vu de loin, il établit la présence islamique et fait concurrence aux clochers d'églises. Suivant les pays et les traditions architecturales locales, il adopte des formes différentes : il se présente généralement comme une tour carrée en Syrie et au Maghreb, polygonale en Égypte et cylindrique en Turquie, avec des sommets qui varient avec les temps et les styles.

L'office de la prière devant être accompli en état de pureté, des fontaines sont placées à l'entrée ou dans les cours des mosquées et servent aux ablutions rituelles des fidèles.

A l'intérieur même de la mosquée, le *mihrab* est

Damas, minaret de la Grande Mosquée, XVe siècle. Photo Roger-Viollet.

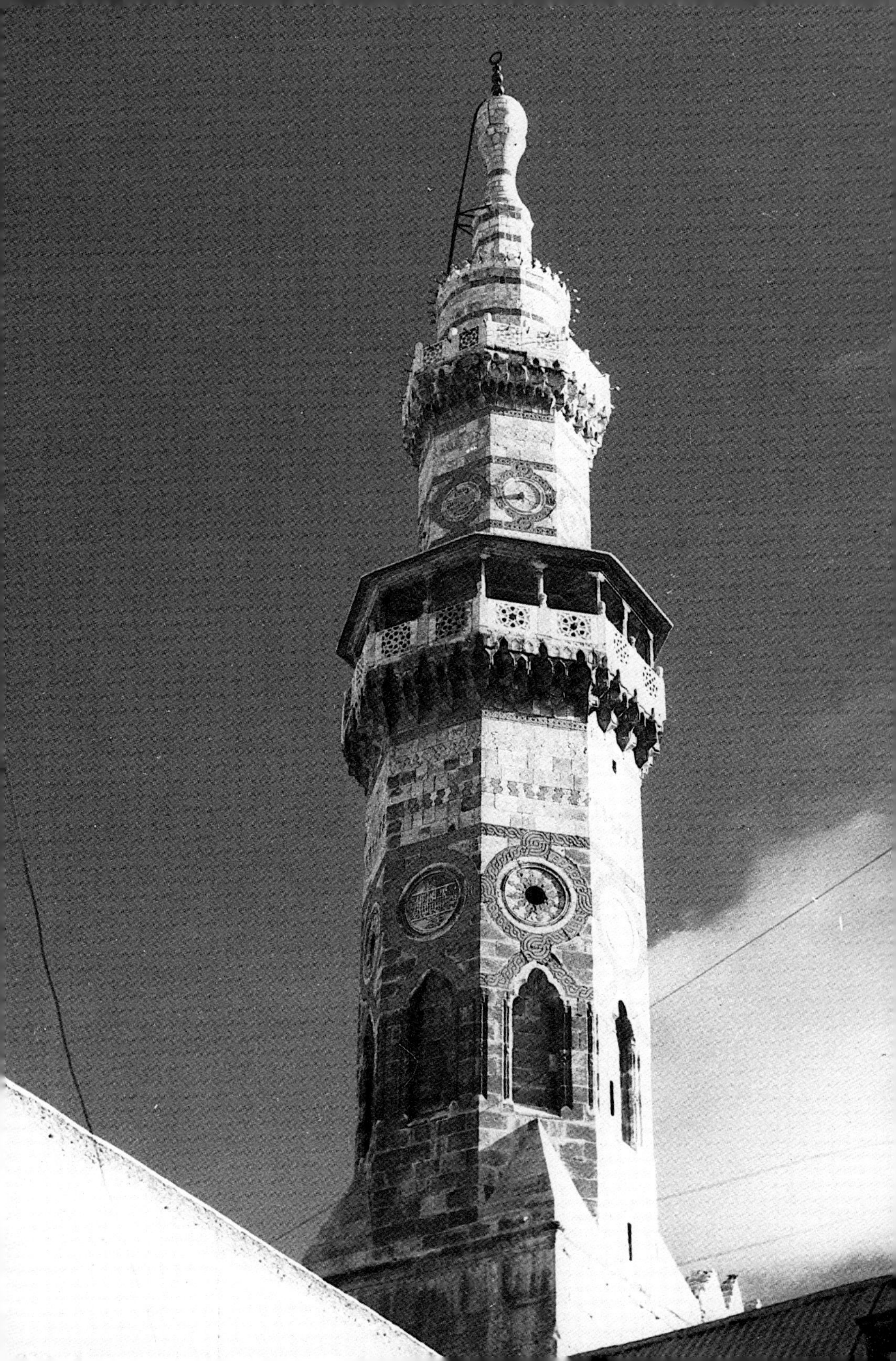

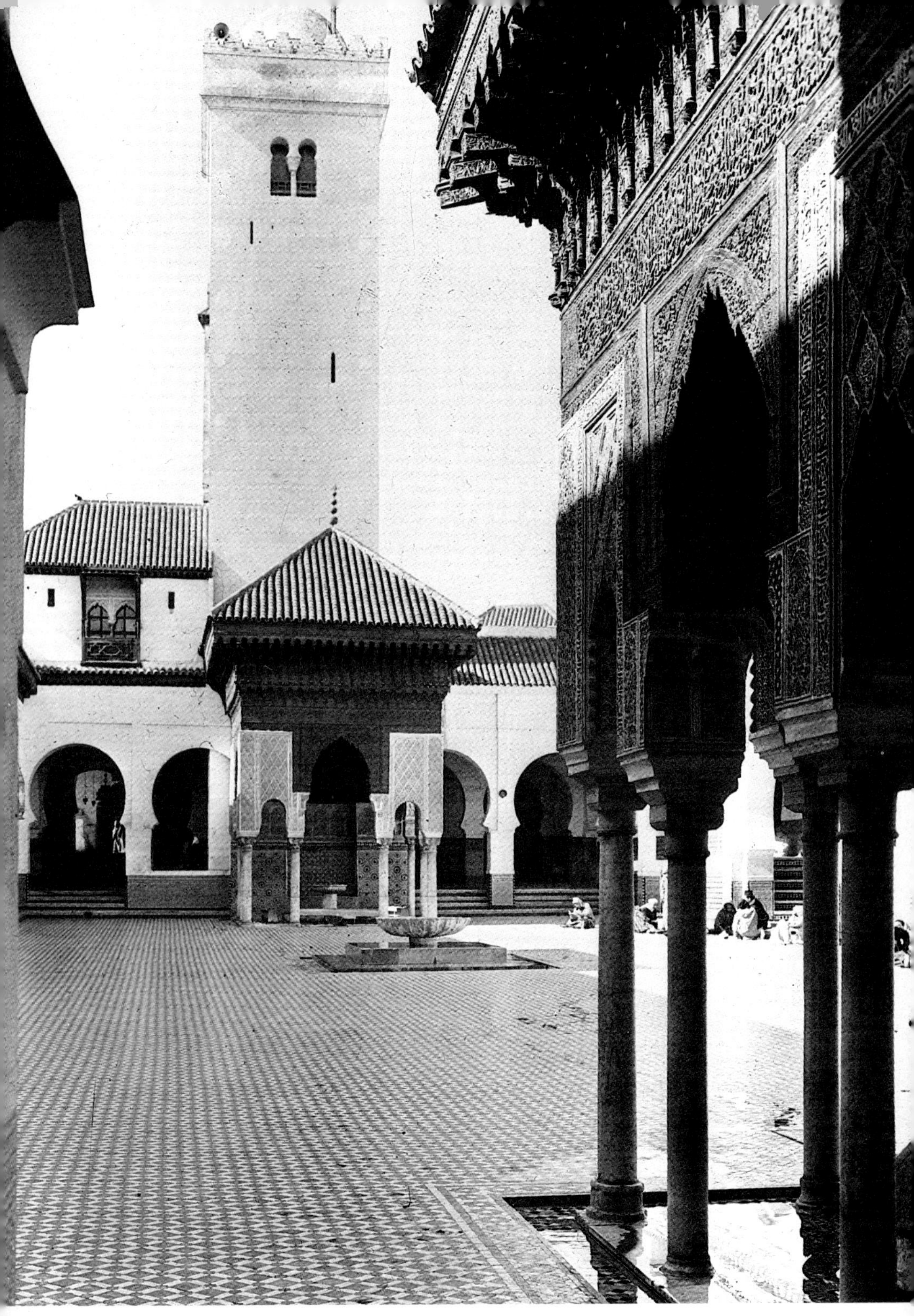

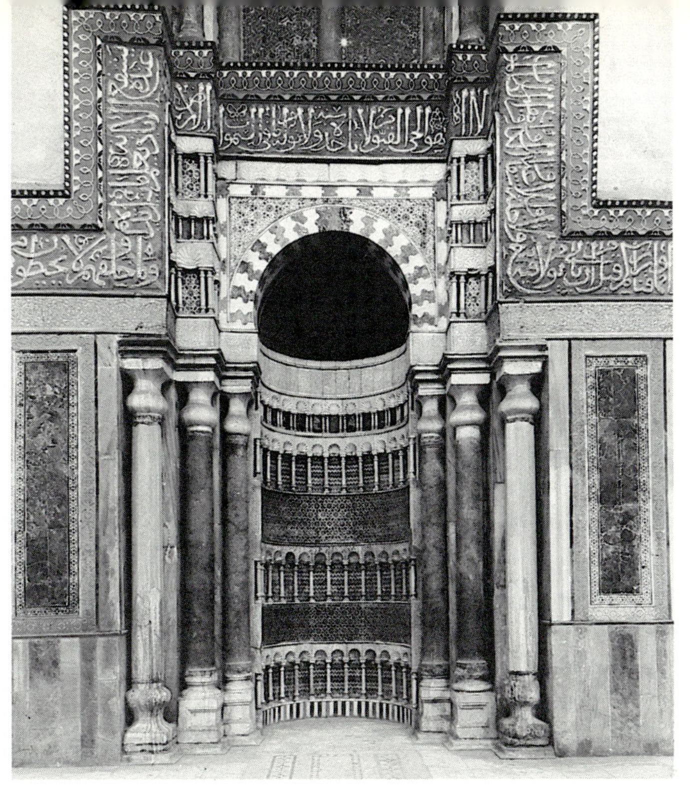

Page 14 :
Fès, mosquée.
Fontaine pour
les ablutions rituelles.
Photo J. Mazenod,
L'Islam et l'art
musulman,
éd. L. Mazenod.

Mihrabs : *Le Caire,*
tombe du sultan
Qala'un, 1283-1285 ;
mausolée Chafei, 1211 ;
mausolée de
Saiyida Nafissa.
Photos J. Mazenod,
op. cit.

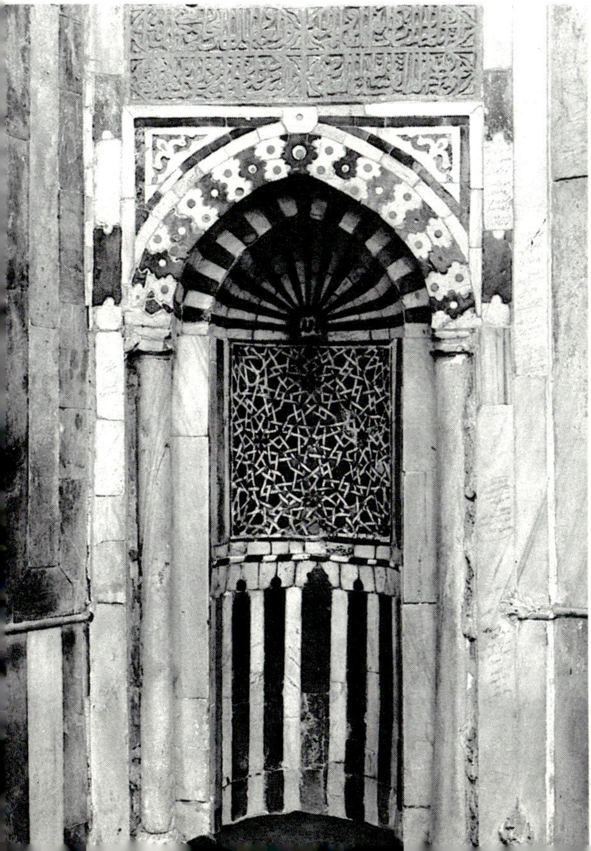

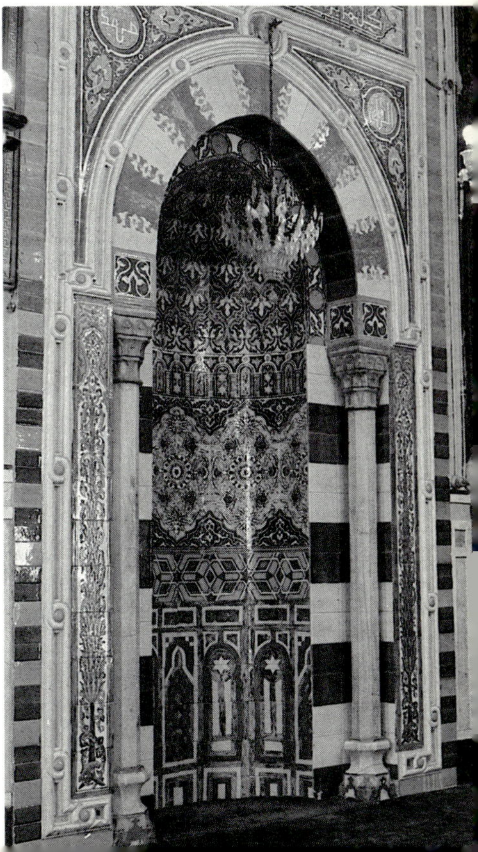

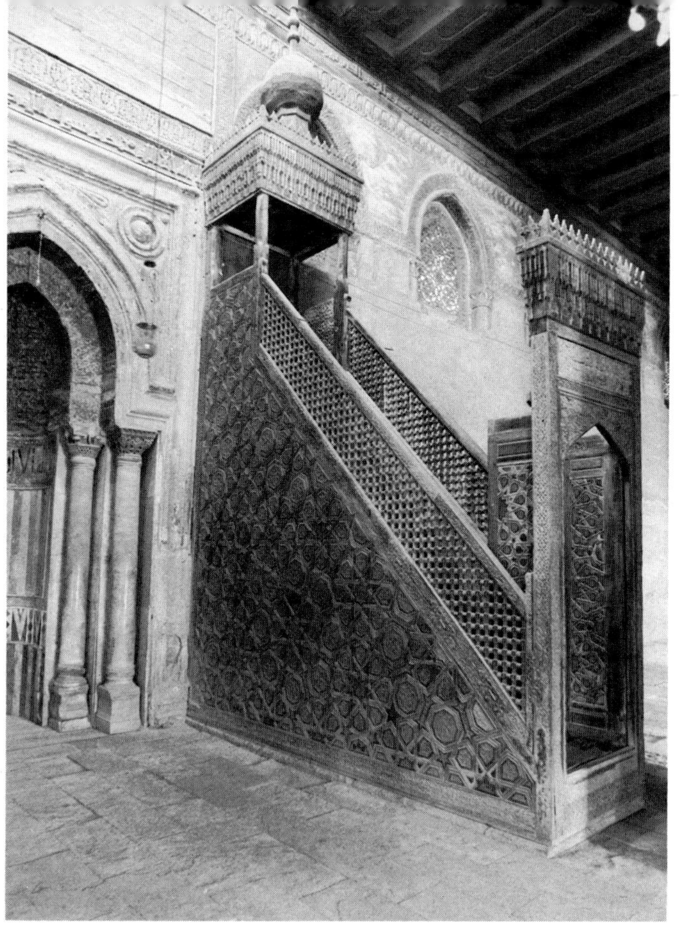

Le Caire,
minbar *de la mosquée d'Ibn Tulun, 1296.*
Photo Gerster-Rapho.

l'élément principal. C'est une petite niche concave sur le milieu du mur de la *qiblah* du côté de La Mecque, qui précise la direction de la prière. Avec le temps, son importance religieuse s'accroît et le *mihrab* devient l'accessoire le plus richement orné de la mosquée.

Le *minbar*, toujours situé à droite du *mihrab*, est la seule pièce de mobilier nécessaire dans une mosquée. C'est, en somme, la chaire à prêcher à plusieurs degrés où se tient le prédicateur pour prononcer sa prière solennelle du vendredi. Le *minbar* tire son origine de la chaire en bois d'ébène qu'utilisait le prophète dans sa maison de Médine pour s'adresser aux fidèles. Comme celle-ci, il est traditionnellement exécuté en bois, bien que la pierre et le marbre soient assez fréquemment employés.

La madrasa

Dès les débuts de l'Islam, les mosquées étaient utilisées pour la prière aussi bien que pour l'enseignement religieux. Plus tard, les deux fonctions furent séparées et la *madrasa*, créée spécifiquement comme

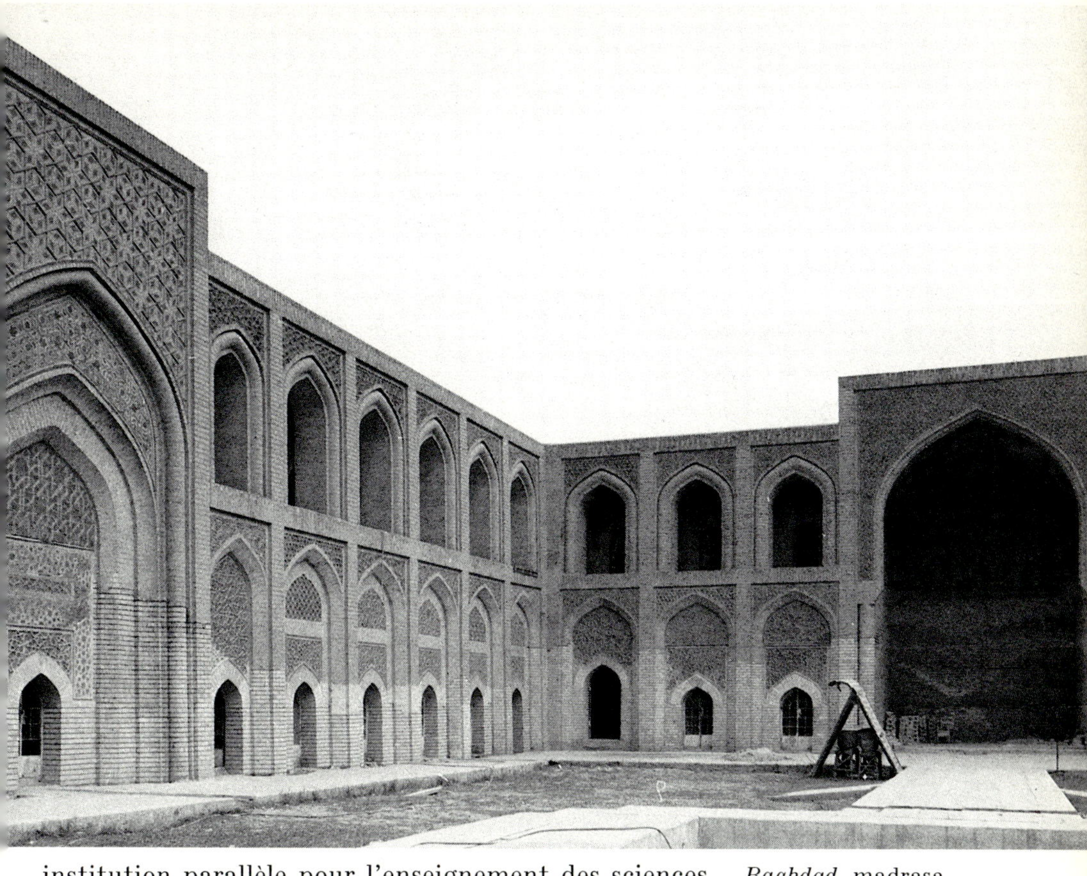

Baghdad, madrasa *Mustansiriyya, 1233. Photo J. Mazenod,* op. cit.

institution parallèle pour l'enseignement des sciences religieuses et de la jurisprudence.

Les *madrasas*, nées en Iran seljukide comme instrument de propagande en vue de maintenir l'orthodoxie, se répandirent en Syrie et en Égypte à compter du XIIe siècle, puis en Anatolie et au Maghreb au XIIIe siècle. Elles devinrent l'un des monuments les plus représentatifs de l'architecture islamique.

Du point de vue architectural, la *madrasa* reflète son origine iranienne et répond par sa forme à certaines exigences d'ordre pratique. C'est un monument à cour centrale sur laquelle donnent, selon les pays et les styles, un, deux, trois ou quatre *iwans*. Les *iwans* servent de salles d'enseignement et de réunion et les étudiants habitent des cellules rangées le long des murs.

La *madrasa* Mustansiriyya, fondée à Baghdad au XIIIe siècle et aujourd'hui fort bien restaurée, est un exemple parfait de la *madrasa* classique, et celle du sultan Hasan, construite au Caire au XIVe siècle sur

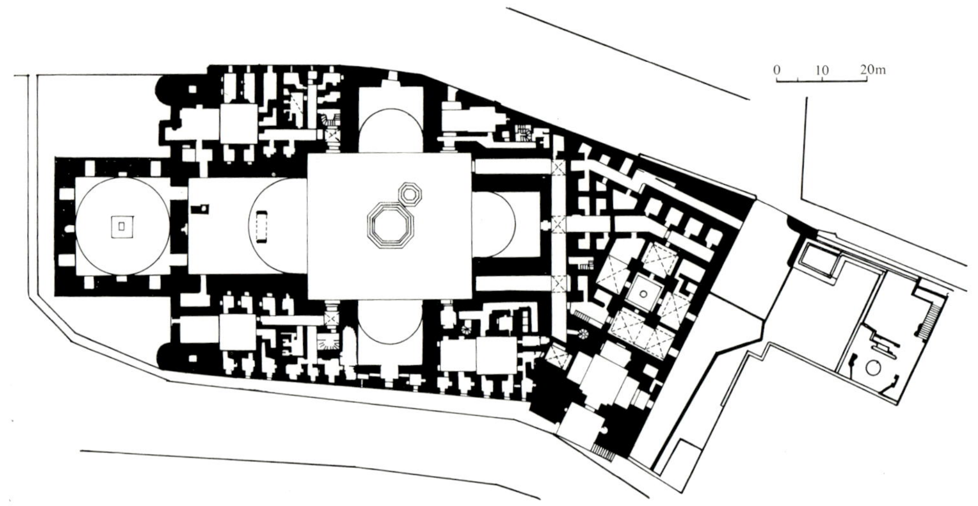

Le Caire, plan de la madrasa *du sultan Hasan, 1356-1359. D'après Hoag*, op. cit.

un plan cruciforme et dotée de quatre *iwans* servant à l'enseignement des quatre rites, constitue l'apothéose de la *madrasa* islamique.

L'architecture civile

Les palais

Un type de monument qui exerça une influence considérable sur l'art et l'architecture islamiques est le palais princier. Sièges de gouvernement ou résidences princières, d'innombrables palais furent construits à travers les siècles, symboles de la gloire, de la richesse, de la vanité et du pouvoir du monarque ou du prince. Par leurs éléments somptueux visibles aussi bien que par leur faste légendaire, les palais semblent avoir donné le ton à la création artistique, de l'Espagne jusqu'à l'Iraq.

Les premiers spécimens de cette architecture palatine se rencontrent dans les châteaux umayyades de la première moitié du VIIIe siècle, érigés en Syrie, en Jordanie et en Palestine, sur de grands domaines agricoles. La vingtaine de ces résidences de la nouvelle aristocratie arabe que l'on peut étudier archéologiquement répondent à une même typologie : une enceinte fortifiée, qui abrite des logements particuliers, un bain, une mosquée ainsi que des salles destinées aux cérémonies officielles. Fait intéressant, ces résidences ont transporté dans un cadre champêtre

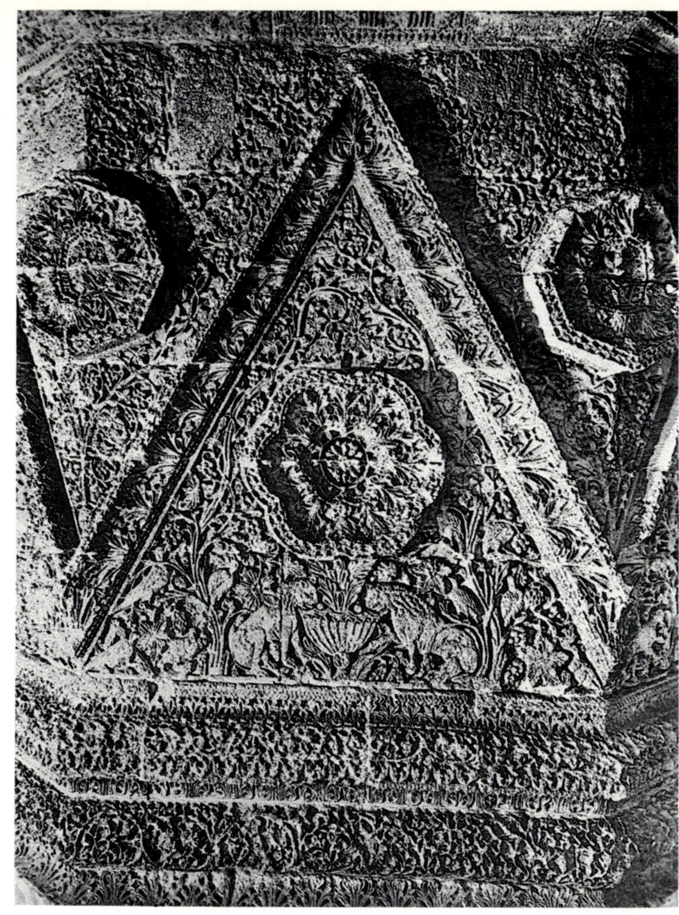

Mshatta, décor sculpté du palais. Période umayyade, 744-750. Berlin, Islamisches Museum. Photo X.

le luxe et le confort urbains et une ornementation d'une richesse et d'une variété extraordinaires. Leurs mosaïques, fresques ou sculptures composent une panoplie de thèmes décoratifs invraisemblables, allant de la géométrie pure aux représentations figurées les plus diverses.

Cette tradition, nous la retrouvons aussi au Maghreb, dans la Qala'a des Bani Hammad et à Ashir, deux châteaux du XIe siècle éloignés des centres urbains et construits avec des matériaux luxueux, fastueusement ornés.

En Iraq, il existe une autre tradition de palais que nous connaissons essentiellement par les textes et les récits. Il s'agit de palais aux proportions de villes comme à Samarra, ou de villes en forme de palais comme Baghdad construits par les califes abbassides des VIIIe et IXe siècles. Là, au milieu d'un luxe sans égal, entourés de créations artistiques, les souverains menaient une vie somptueuse dans des demeures de

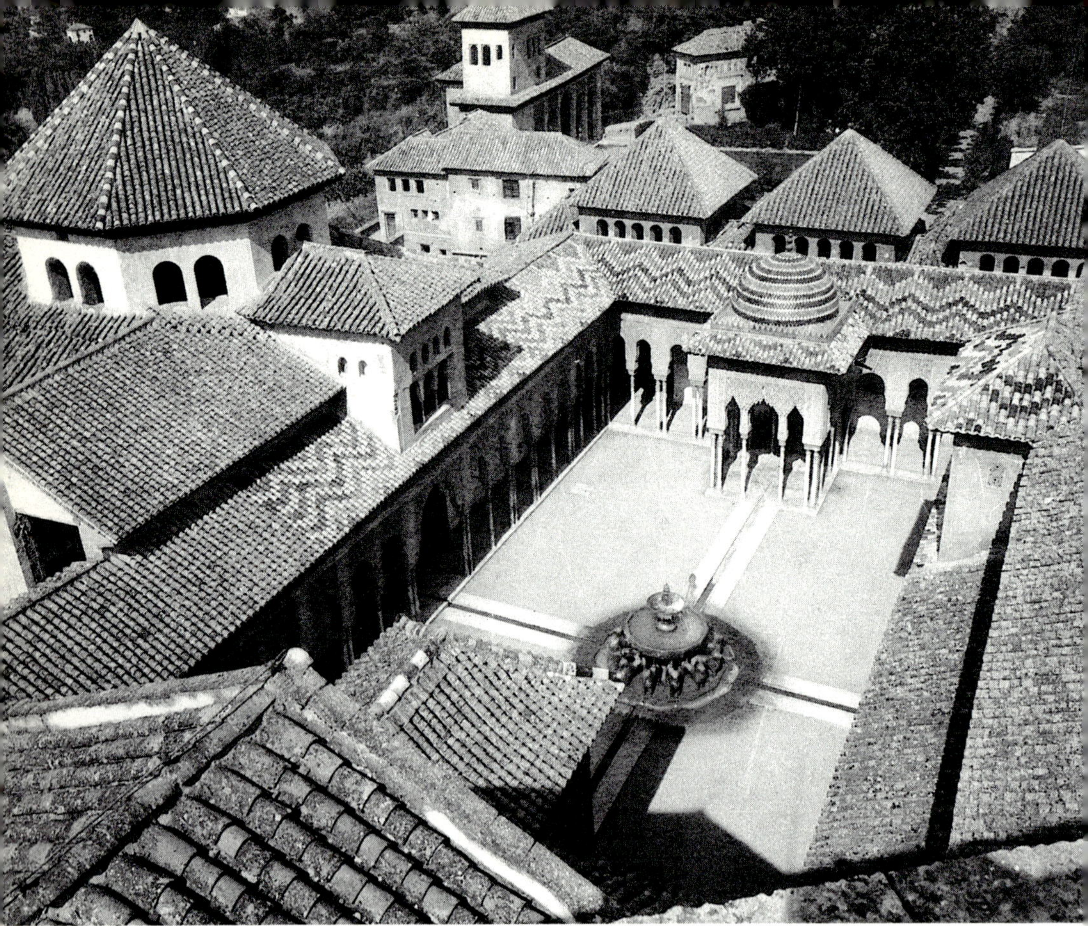

*Grenade,
cour de l'Alhambra,
XIVe siècle.
Photo Mas.*

*Istanbul,
palais de Topkapi,
les toits du harem.
Photo Michaud-Rapho.*

légende qui inspirèrent les contes des Mille et Une Nuits.

Une troisième tradition de palais islamiques, peut-être la plus originale par son ordonnance, est celle que nous rencontrons à l'Alhambra de Grenade ou encore au Topkapi d'Istanbul. Dans les deux cas, il ne s'agit pas d'un seul monument mais plutôt d'une agglomération d'unités distinctes réunies par des jardins à l'intérieur d'une grande muraille. A l'Alhambra, construit aux XIIIe et XIVe siècles, on retrouve plusieurs cours intérieures avec fontaines et bassins entourés d'arcades richement ornées, derrière lesquelles sont situées les salles du trône et de cérémonies et les pavillons d'habitation, le tout recouvert de motifs décoratifs abondants, reflet parfait du goût islamique pour les surfaces très décorées. Au Topkapi, kiosques, pavillons et édifices imposants sont disséminés parmi les jardins et les jets d'eau et abritent des salles de trône, des bibliothèques, mosquées, *madrasas*, cuisines, la résidence du sultan et le harem.

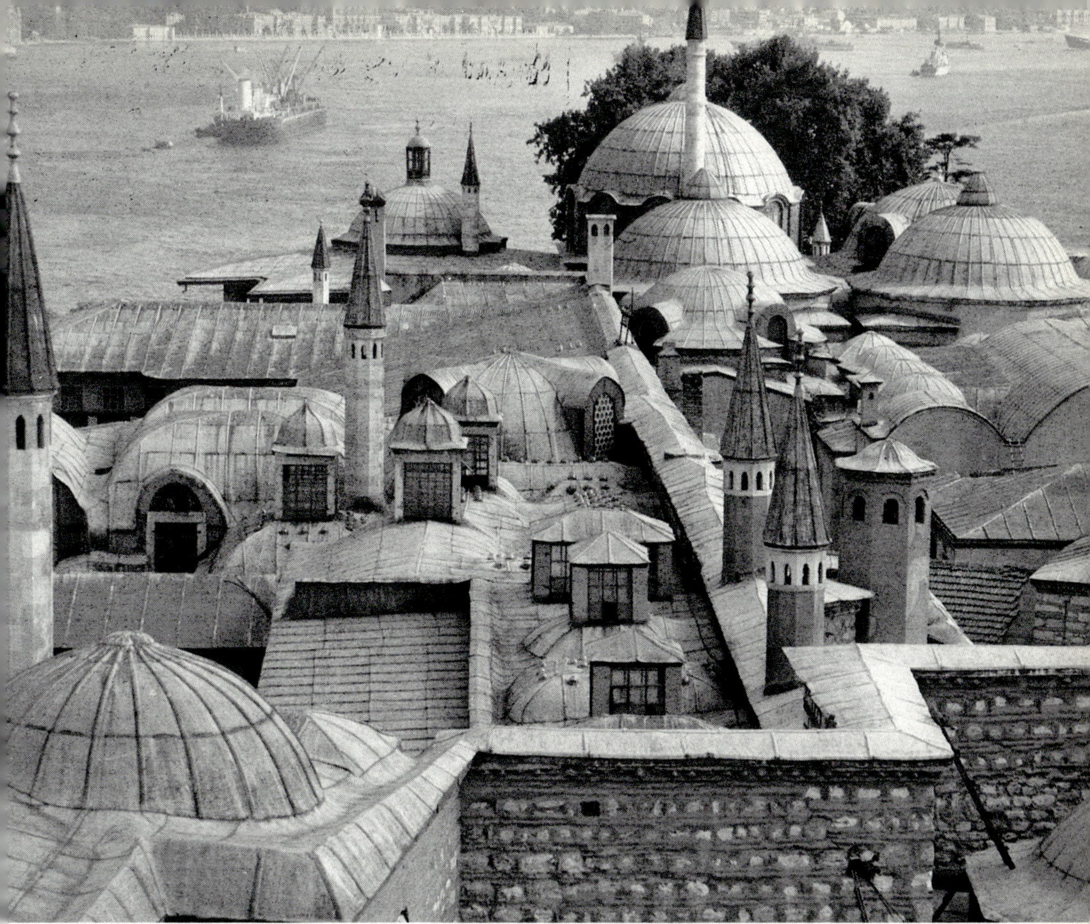

Ces deux palais ne comportent aucun élément, aucune forme spécifique mais la vie de cour et les activités qui s'y déroulent confèrent un cachet princier à des formes ordinaires.

Les caravansérails

Pour faciliter le commerce à travers le monde musulman, des édifices spéciaux, appelés caravansérails ou *khans*, furent érigés pour les marchands et leurs marchandises.

Les caravansérails, construits le long des routes caravanières, à intervalles d'une journée de voyage, jouissent d'un grand essor, surtout à l'époque seljukide en Anatolie. Parmi eux, ceux que l'on appelle Sultanhans sont des monuments luxueux construits par les dirigeants. D'autres, plus modestes, sont subventionnés par des particuliers. Ce sont des gîtes d'étape pour les caravanes, conçus pour répondre à certains besoins d'ordre pratique. Ils comprennent tous les mêmes éléments principaux : une grande muraille percée d'un portail unique pour la protection contre

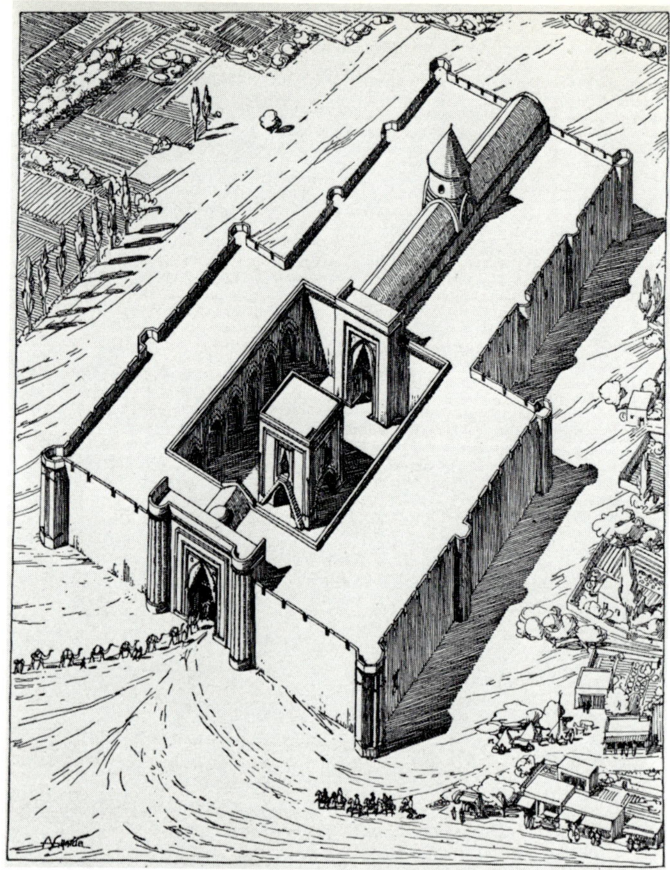

Caravansérail Sultan-han près de Kayseri, Anatolie, 1232-1236. Reconstitution d'après Gabriel. Paris, Bibliothèque nationale, Estampes. Photo B.N.

les brigands et les instabilités politiques, une cour intérieure entourée de dépôts pour les marchandises, d'écuries pour les animaux, de chambres pour les voyageurs à l'étage, et une mosquée surélevée au centre de la cour. Dans les grands établissements de l'Anatolie, souvent un hall couvert, rattaché à l'édifice principal, protège contre les intempéries de l'hiver.

A ces caravansérails routiers s'ajoutaient dans les grandes villes des *khans* construits dans les centres commerciaux pour accueillir marchands et marchandises arrivés à destination. Le *khan* était associé à un commerce particulier comme celui de la soie, de la toile, du cuir, du sel ou du riz; là les marchands emmagasinaient leurs produits et étalaient leur marchandise. La vente et les achats se faisaient dans les magasins entourant la cour et les marchands habitaient à l'étage. Ces *khans*, que l'on retrouve dans toutes les villes islamiques, furent construits à des moments de grande prospérité et reflètent par leur agencement la richesse de leurs bienfaiteurs.

Le Caire, khan *de Qansuh al-Ghuri. Photo Meinecke, Institut allemand d'archéologie de Damas.*

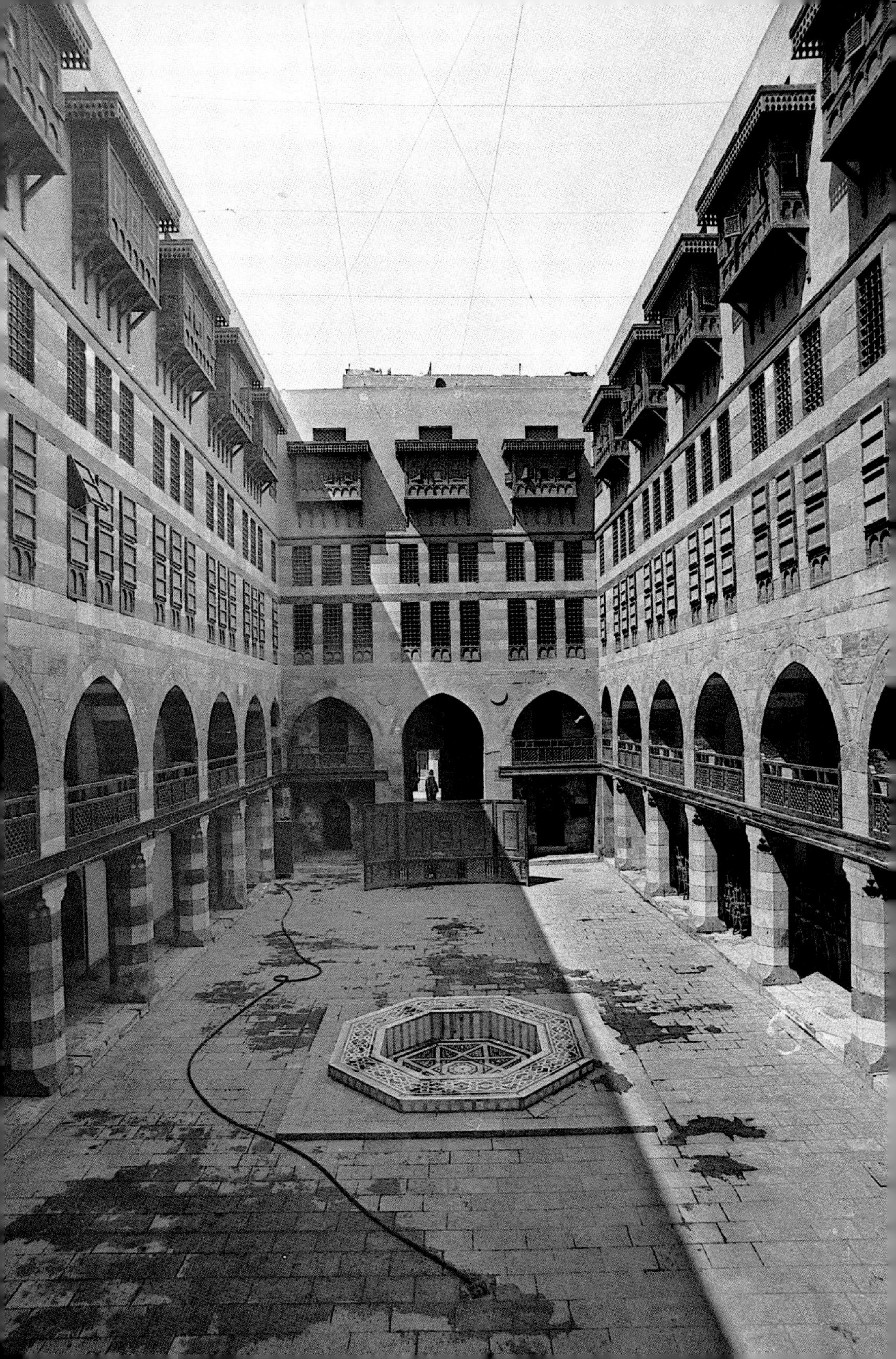

Les hammams

Le *hammam*, ou bain à étuve, connu aussi comme « bain maure », est un monument typique de la ville islamique. Après la mosquée, le *hammam* est souvent le premier édifice érigé dans une nouvelle ville ou un nouveau quartier. Il correspond aux nécessités de la pureté rituelle et de l'ablution majeure et devient donc un organe essentiel de toute agglomération islamique. De plus, il sert de lieu de loisir et de rencontres sociales.

Le *hammam* existe déjà à l'époque umayyade, dans les palais privés aussi bien que dans les villes fondées après la conquête, et son utilisation se répand à travers le bassin méditerranéen. Les inventaires des monuments de toute ville islamique révèlent l'existence de nombreux *hammams* et les textes leur réservent une place importante.

L'architecture du *hammam*, bien qu'ayant connu à travers les pays et les époques des variations importantes, a toujours comporté certains éléments de base. Les murs épais et pratiquement scellés en vue de conserver la chaleur abritent, outre une salle de déshabillage, particulièrement soignée et de proportions importantes, utilisée comme lieu de repos et de rencontre, une suite de salles reflétant le programme de la progression du bain. Celles-ci se composent d'une salle de transition ou salle extérieure, d'une salle tiède ou intermédiaire et d'une salle chaude ou intérieure qui peut être divisée en plusieurs compartiments où les baigneurs accomplissent leur rituel en pleine chaleur ou humidité. Enfin, il y a une étuve alimentée en vapeur selon le système des bains romains répandus dans la région méditerranéenne.

A ce schéma classique, des modifications furent apportées pour satisfaire les goûts et les préférences locales des usagers du bain. Les *hammams* umayyades, par exemple, étaient étroitement liés aux thermes antiques tandis que les *hammams* de Damas accordaient la prédominance à la salle tiède au XIIe siècle et à la salle chaude au XVIIIe siècle. Quant aux bains mamluks du Caire, ils favorisaient le plan rayonnant et ceux de la Turquie ottomane conservaient seulement les salles de déshabillage et d'étuve dotées de magnifiques coupoles. En Espagne et au Maghreb, il existe une tradition différente par laquelle, aux XIIe et XIIIe siècles, seule la salle de déshabillage jouissait

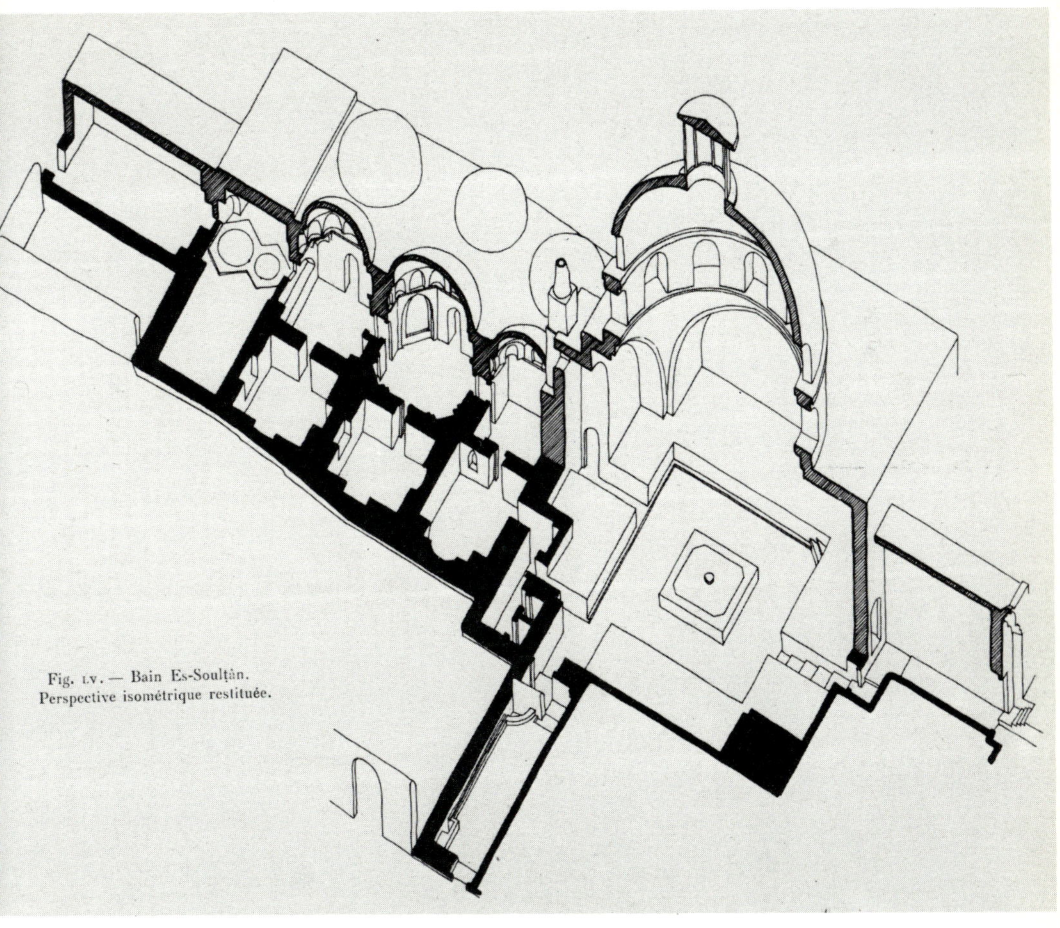

Damas,
hammam *al-Sultan,*
avant 1295.
Perspective isométrique d'après Ecochard.
Photo B.N.

d'un agencement important, tandis qu'au XIVe siècle on semble avoir adopté un plan rectiligne.

Les bains publics, toujours nombreux aujourd'hui comme par le passé, sont réservés selon les jours ou les heures à une clientèle tantôt féminine, tantôt masculine.

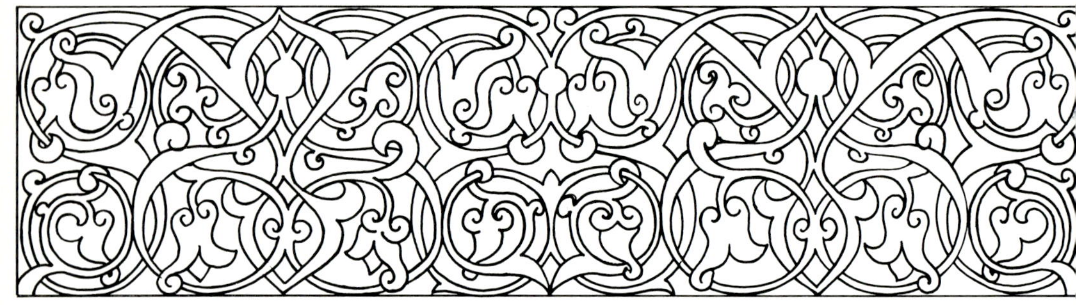

Arabesque.
Egypte, panneau en bois du XIIIe siècle.
D'après Bourgoin.

Ornement de stuc provenant du palais Bulkawara à Samarra. Berlin, Islamisches Museum. Photo du musée.

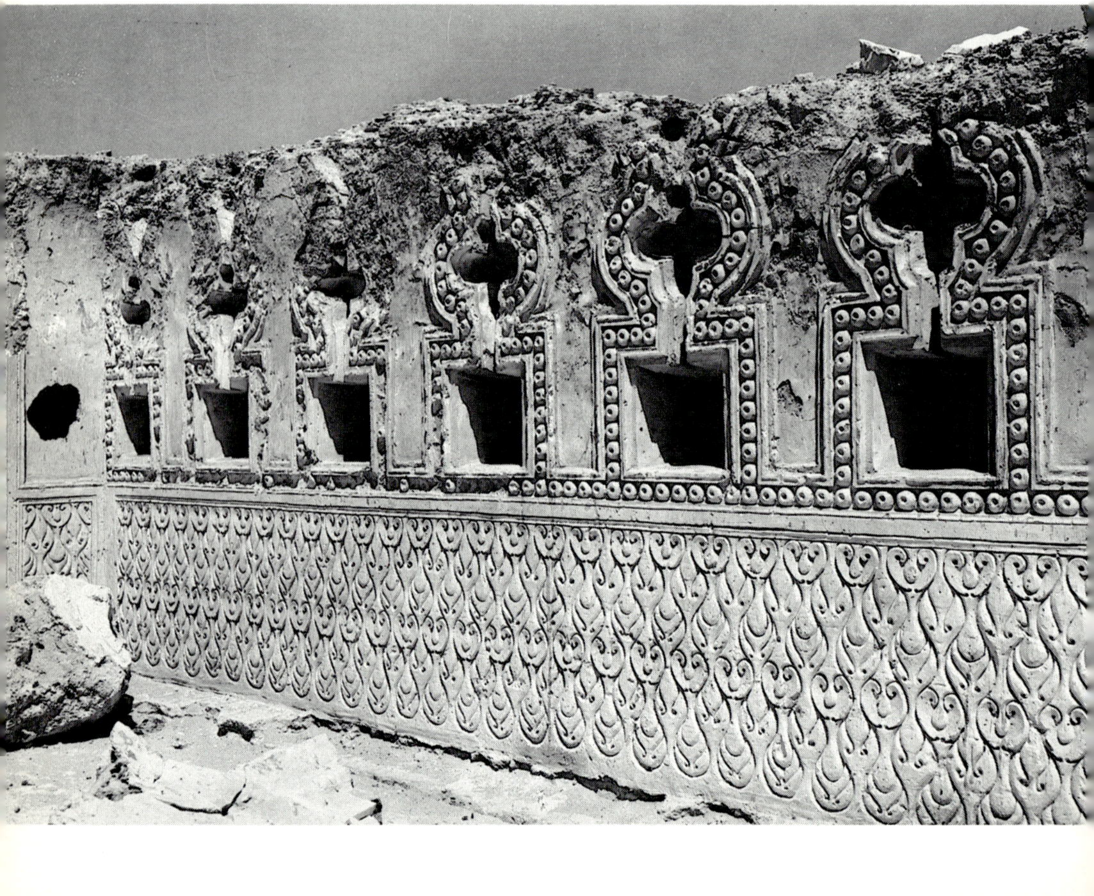

LA DÉCORATION

L'architecture islamique ainsi que l'objet manufacturé accordent une place importante au décor. Sur les monuments, la mosaïque, la peinture murale, le revêtement de céramique et de marbre ainsi que le bas-relief présentent de grandes surfaces où règne un ornement couvrant et tapissant. Sur les objets, de matériaux variés, on dénote aussi cette constante « horreur du vide » et la présence de motifs incrustés peints ou sculptés selon différentes techniques et qui recouvrent entièrement les surfaces.

Cette ornementation, souvent compartimentée, reflète un répertoire décoratif riche et varié. Ses principaux motifs, de caractère typiquement islamique, sont l'arabesque, l'entrelacs géométrique, la calligraphie arabe et le *muqarnas*. Les représentations figurées y trouvent aussi une place et sont traitées de façon originale.

L'arabesque

L'arabesque est un type d'ornementation spécifiquement islamique. Fondée sur la stylisation de motifs végétaux, elle se distingue par son souci du rythme et de la répétition et son caractère de continuité. Tirant son origine de la palmette et du rinceau de forme végétale tel que les pousses de feuilles rattachées à des vrilles, elle se développe selon une logique qui lui est propre et indépendamment de toute référence botanique. L'arabesque dans sa forme classique, répondant à une abstraction des éléments, à un rythme créé par une relation de plans et de lignes obliques et à un pouvoir infini de couverture, apparut dans l'art abbasside au IXe siècle, plus particulièrement dans le décor de stuc des palais de Samarra.

Avec une rapidité extraordinaire, cette forme exclusivement islamique se répandit dans tout le monde musulman. Elle se développa selon des variations infinies, transposant indifféremment les mêmes motifs dans tous les matériaux.

Le décor géométrique

Les motifs abstraits de forme géométrique se retrouvent à travers tous les arts de l'Islam et à toutes les époques, dans une variété considérable de combinaisons.

Il est vrai que les schémas géométriques comme bases de compositions existaient dans le monde classique et dans tout l'art traditionnel, mais c'est dans l'art islamique que l'entrelacs géométrique se développa avec une logique et un degré de complexité et de sophistication jamais connus, transformant la géométrie en une forme d'art majeure.

A partir du cercle divisé en polygones réguliers, se développent des polygones étoilés aux proportions parfaites qui s'élaborent indéfiniment et, utilisant les principes de la répétition, de la symétrie, de la multiplication et de la subdivision, créent des dessins d'une extraordinaire variété.

De tous les motifs utilisés en architecture comme dans les objets manufacturés, l'étoile demeure le plus caractéristique de cette géométrie islamique. Elle se manifeste en d'innombrables variations : à six, huit ou seize pointes, sur le bois, la céramique, le métal et le verre et surtout dans l'enluminure des corans.

A compter du XIIe siècle, les configurations étoilées

Décor géométrique étoilé. Le Caire, madrasa *du sultan Abd al-Ghani al-Farri, XIVe siècle. Détail du* minbar. *Photo J. Mazenod,* op. cit.

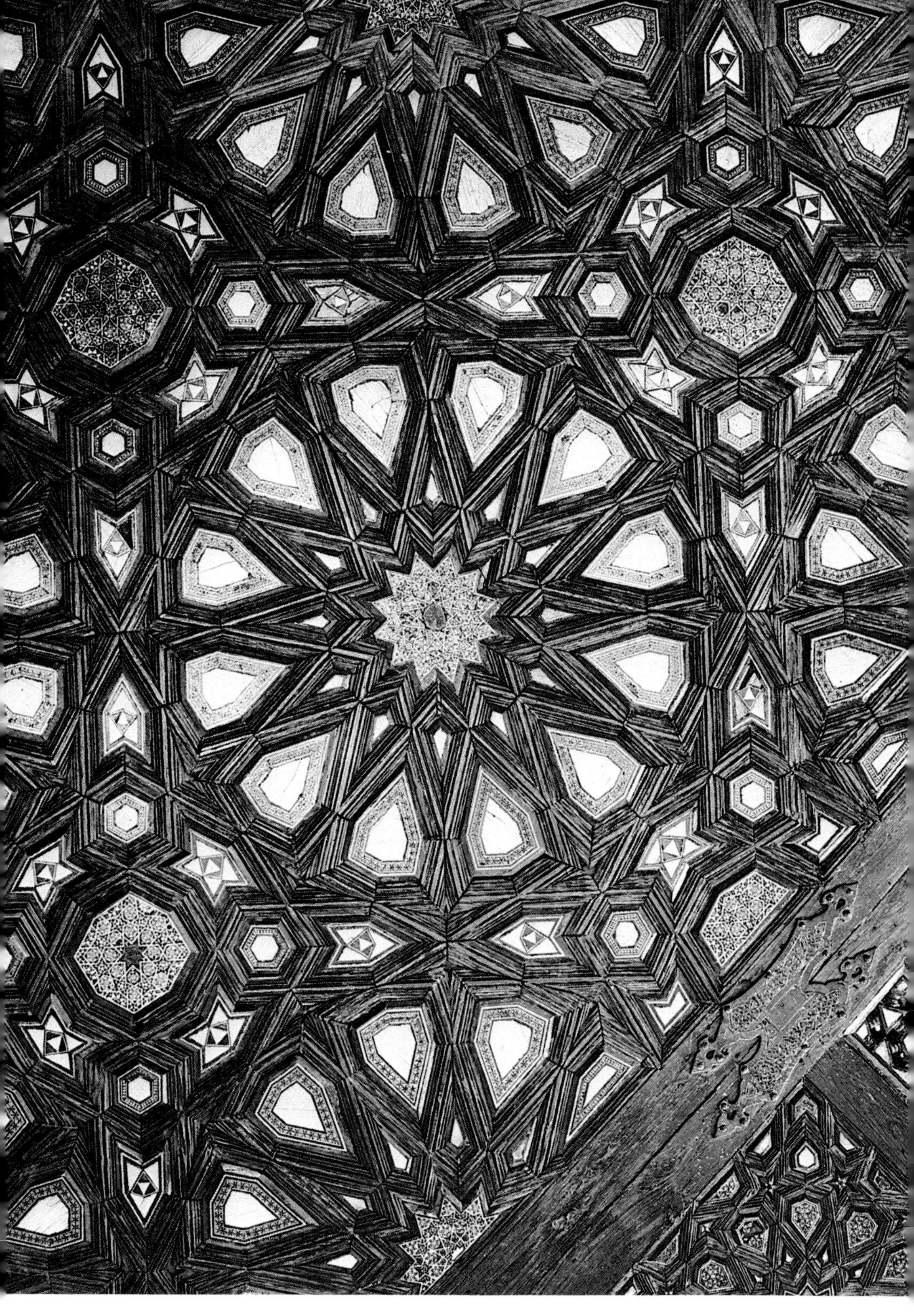

donnent au monde islamique un style international qui atteint son apogée au XIVe siècle en Syrie et en Égypte mamluk, où les cénotaphes et les *minbars* s'ornent de délicats travaux de menuiserie et où les monuments religieux sont dotés de somptueuses portes couvertes de cuivre étoilé.

Ce décor géométrique représente le niveau le plus élevé de l'art islamique non figuratif et révèle la fascination qu'exerçaient sur les architectes, artistes et artisans du monde islamique les principes visuels de la géométrie ainsi que leur connaissance des mathématiques, des sciences et de la philosophie.

La calligraphie

L'une des caractéristiques majeures de la décoration islamique et l'une de ses marques distinctives est l'usage de la calligraphie arabe comme motif iconographique et ornemental.

Non point limitée à l'art du livre, la calligraphie par son importance religieuse et ses qualités esthétiques se rencontre en de multiples variations ornementales et stylistiques dans la décoration architecturale et dans celle des objets.

Sur les monuments, son usage n'est restreint à aucun matériau, ni à aucun endroit particulier. Gravées dans la pierre, découpées dans le marbre ou la faïence, ou sculptées dans le plâtre, les inscriptions arabes s'appliquent le plus souvent en bandes ou en cartouches pour orner certains pans de murs ou accentuer les lignes de l'architecture. Sur les édifices religieux tels que les mosquées ou les *madrasas*, des professions de foi et des passages du Coran en caractères arabes plus ou moins élaborés remplacent toutes les représentations figurées; et sur les monuments civils, les inscriptions décoratives constituent souvent d'importants documents historiques.

Sur les objets, la calligraphie arabe fait partie intégrante du vocabulaire décoratif. Dans les arts du bassin méditerranéen, le mot écrit est parfois l'élément décoratif majeur, surtout à l'époque mamluk où les bougeoirs de cuivre et les lampes de mosquée sont dotés d'élégantes bandes d'écriture. Plus souvent, il est intégré à un programme décoratif plus vaste et

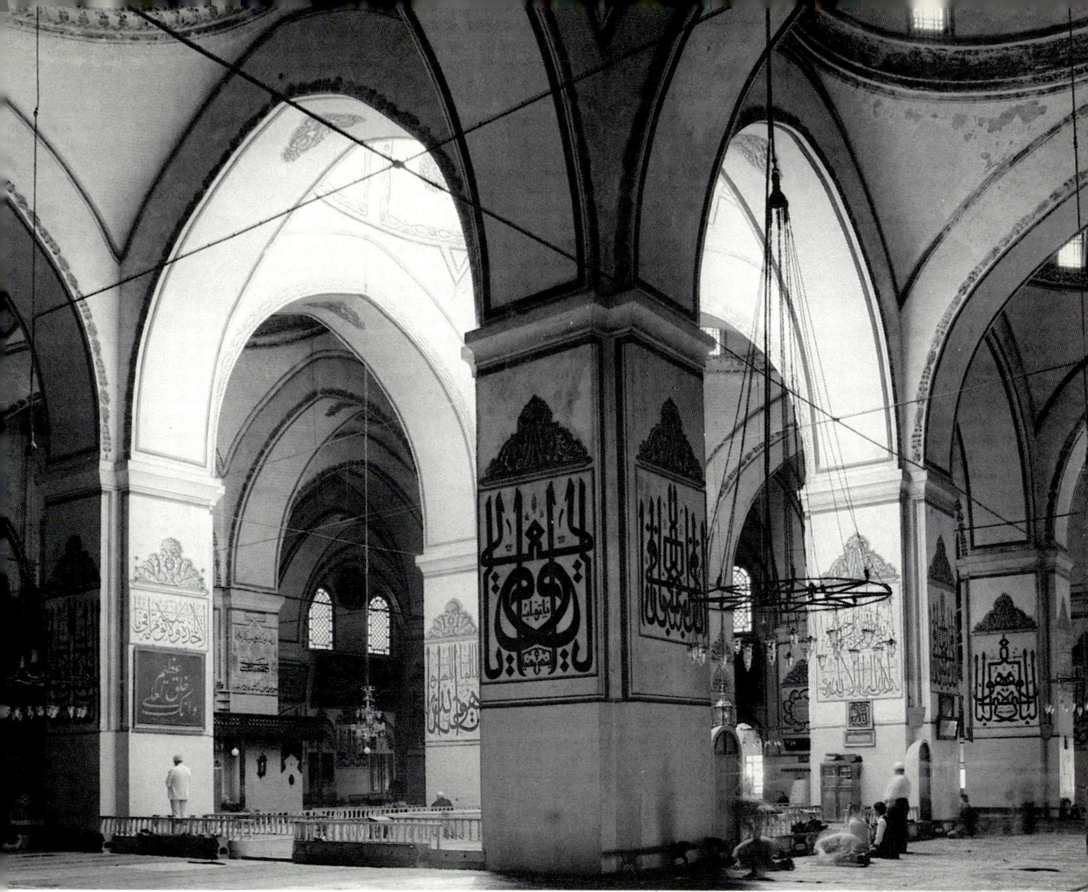

Calligraphie murale. Bursa, Ulu Cami, 1396-1400. Intérieur de la salle de prière. Photo B. Balestrini.

juxtaposé à des représentations végétales, anthropomorphes ou zoomorphes, ou accompagné de motifs ornementaux tels que l'arabesque ou l'entrelacs géométrique.

L'écriture arabe se présente essentiellement sous deux formes : l'une angulaire, sobre et monumentale, dite kufique, utilisée surtout durant les premiers siècles de l'Islam et en architecture, et l'autre cursive, le *naskhi*, plus souple, plus élégante, utilisée avec maintes variations dans la rédaction des textes et l'ornementation des objets. Élaborée avec beaucoup de soin et suivant des normes différentes selon les lieux et les temps, la calligraphie arabe s'est développée en une forme d'art majeure. En se prêtant simultanément à deux fonctions parfois contradictoires — iconographique et ornementale — et en présentant un message à la fois lisible et décoratif, la calligraphie a résolu, d'une certaine façon, la tension dans les arts islamiques entre représentation et abstraction et offert dans les lieux saints un substitut à la décoration figurée.

Le muqarnas

Le *muqarnas* (aussi connu comme stalactites, alvéoles ou nids d'abeilles) est l'un des éléments les plus typiques du décor architectural islamique.

Formé d'alvéoles sphériques ou prismatiques, le *muqarnas* naquit de la multiplication des niches d'angle qui assuraient le passage du carré au cercle dans la salle à coupole.

Le procédé, venu d'Iran et de Mésopotamie, fut durant une brève période un élément architectural, après quoi il connut un rapide succès et devint, dès le XIe siècle, un élément décoratif sans rôle fonctionnel, rattaché à l'architecture, mais dépourvu de tout lien avec la structure qui le supporte. Bien qu'à l'origine ce *muqarnas* ait été adapté à la brique, on le rencontre, dans le bassin méditerranéen, taillé dans la pierre et modelé dans le plâtre, ornant les détails architecturaux que l'on veut souligner.

Le *muqarnas* existe comme thème parfaitement développé dans les porches de Syrie du XIIe et du XIIIe siècle. De là il se répand en Égypte où on en fait ample usage dans le décor des façades et des minarets : il forme des corniches entières, il compose des trompes ou des pendentifs, soutient les encorbellements et, plus particulièrement, décore les voûtes des grands portails des monuments religieux.

Parallèlement, son emploi se généralise en Anatolie dès le XIIIe siècle et les monuments turcs de l'époque seljukide se distinguent par leurs magnifiques portails de pierre avec demi-coupole de *muqarnas* utilisés indifféremment pour tous les genres de monuments.

Taillé dans la pierre en Syrie, en Égypte et en Anatolie, suivant des principes de construction d'une mathématique extrêmement compliquée, le *muqarnas* se manifeste modelé dans le plâtre en Occident. En Espagne aussi bien qu'en Afrique du Nord, les architectes en tireront des effets décoratifs d'une richesse extraordinaire. Il tapissera les corniches, soulignera le profil des fenêtres et des arcs, décorera les chapiteaux et, parfois, couvrira complètement la coupole comme à l'Alhambra de Grenade.

Portail de muqarnas.
Le Caire, madrasa
du sultan Hasan.
Photo B. Balestrini.

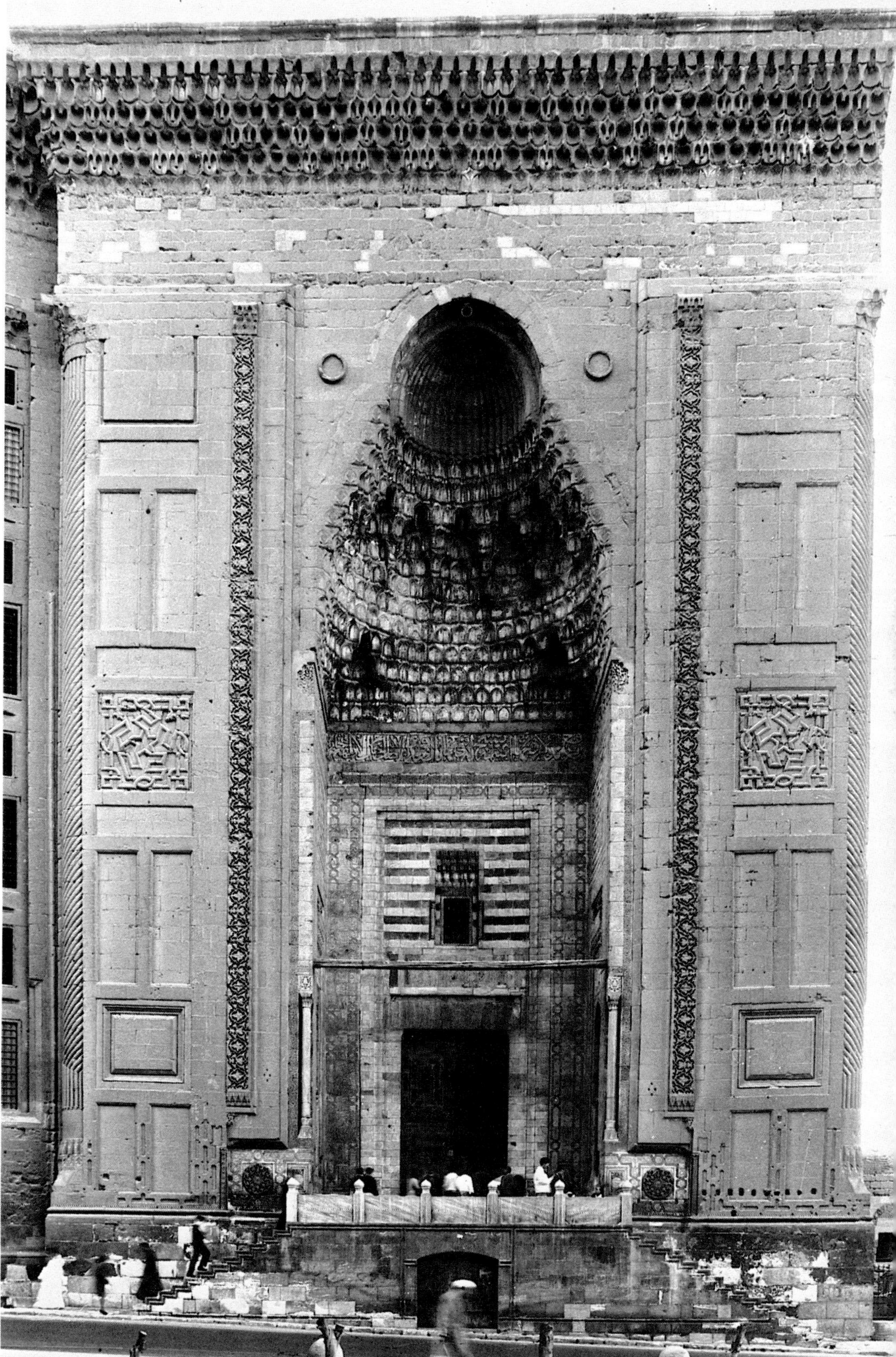

Les représentations figurées

Un aspect de l'art islamique généralement méconnu est l'existence d'une riche tradition iconographique.

La représentation d'êtres vivants, personnages aussi bien qu'animaux, n'en est pas absente, comme on a tendance à le croire et à le répéter. De fait, il n'y a pas de prohibition contre la peinture des images et les représentations figurées en Islam, et ni le Coran ni les hadiths ne contiennent de mention à cet égard. Les énoncés qui ont été interprétés comme une interdiction de représenter des êtres vivants sont des mises en garde contre l'idolâtrie plus que contre la création artistique.

C'est pourquoi les représentations vivantes sont considérées avec méfiance dans le contexte religieux et se voient assujetties à des impératifs et à des interdits : ne pas représenter un être sacré susceptible de devenir objet de culte, donc d'idolâtrie, et ne pas prétendre rivaliser avec l'œuvre du Créateur. Les images et représentations figurées se voient donc exclues du domaine religieux, elles ne font pas partie du culte et par conséquent sont bannies des mosquées et de tout monument religieux.

En revanche, en dehors du domaine du sacré, dans la décoration architecturale aussi bien que dans celle des objets, les représentations figurées occupent une place importante. Selon les époques et les lieux, certaines techniques et certains motifs jouissent d'une faveur particulière. Sous les Umayyades, par exemple, en Syrie et en Jordanie, aussi bien que sous les Abbassides, en Iraq, dans les palais et les résidences princières, les œuvres figuratives abondent. Dans la peinture murale et la sculpture, les figurations d'hommes, de femmes et d'animaux constituent une part importante de la richesse de l'ornement de ces luxueuses demeures. En Anatolie, sous la domination turque, l'intérêt se porte surtout sur la sculpture.

En outre, dans les arts mineurs, rares sont les objets qui — sauf ceux qui sont utilisés dans les monuments religieux, tels que lampes de mosquée, bougeoirs ou tapis de prière — ne comportent pas d'êtres vivants dans leur décoration. Dans la céramique comme dans la fabrication du verre, le travail de l'ivoire, du métal ou des textiles, les représentations figurées foisonnent et forment un répertoire riche en images princières, scènes de chasse, de vie quotidienne et de nombreuses activités reliées aux signes du zodiaque, des mois et des saisons. Dès le XIIe siècle, d'abondantes illustrations enrichissent et embellissent les manuscrits des œuvres littéraires et même scientifiques.

Il est donc possible de dire que, interdites dans le sacré, les représentations figurées se manifestent abondamment dans le domaine du profane.

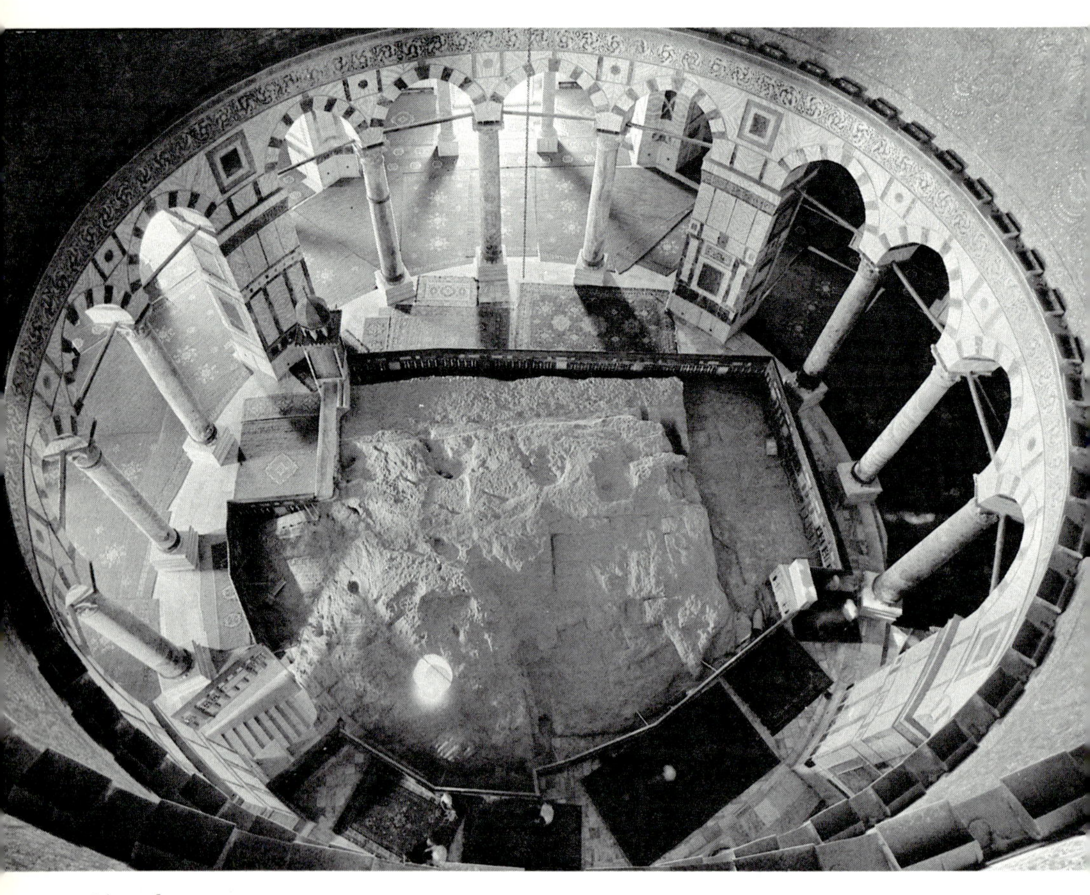

*Jérusalem,
le Dôme du Rocher, 691.
Photo Gerster-Rapho.*

L'ARCHITECTURE CLASSIQUE DE LA SYRIE ET DE L'IRAQ

C'est durant les premiers siècles de l'Islam que s'établissent les formes de base de l'architecture islamique et que se définit le plan de la mosquée. La Syrie et l'Iraq sont les deux centres de l'Islam classique où, à partir d'éléments disparates et de sources variées, s'est opérée la synthèse qui a donné naissance à des ensembles types. Si l'architecture de la Syrie favorisa la pierre de taille, et reflète l'influence de Byzance et du monde classique, en Iraq, la brique prédomine et l'influence de l'empire sassanide y est incontestable.

La première réalisation de l'architecture islamique fut le Dôme du Rocher, à Jérusalem, souvent désigné à tort comme mosquée d'Omar. De forme octogonale, avec coupole centrale, ce monument sacré et triomphal construit en 691 fait pendant aux édifices chrétiens de la ville. Merveilleusement proportionné et d'une harmonie parfaite, le Dôme est recouvert d'une somptueuse parure de marbre et de mosaïque qui, symbolisant les diadèmes et les joyaux impériaux des peuples conquis, proclame la victoire de l'Islam et le début d'une ère nouvelle. Impressionnant par son site, sa beauté et sa richesse, le Dôme du Rocher demeure cependant unique en son genre.

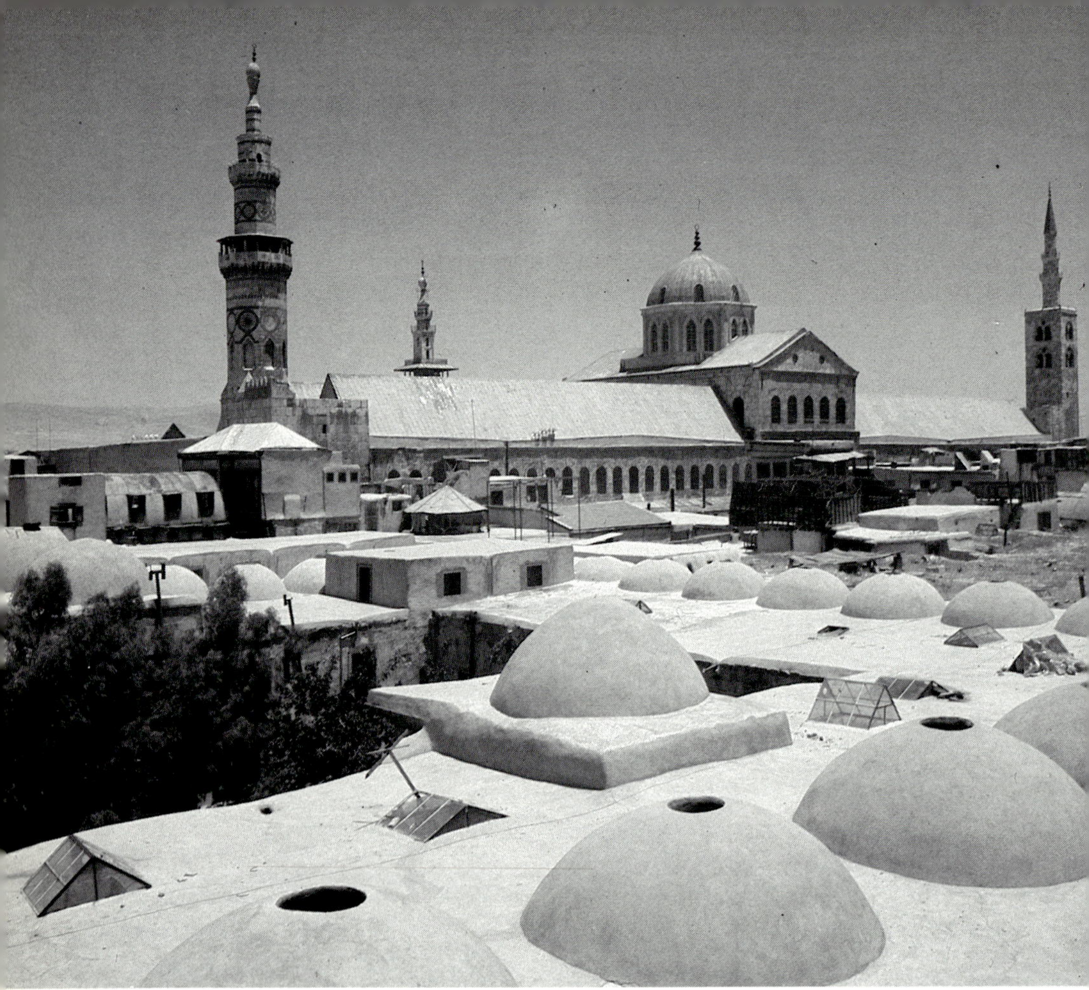

Damas, mosquée des Umayyades. Vue générale angle sud-ouest. Photo Centre de documentation du monde oriental.

Par ailleurs, la grande mosquée de Damas (705-715), construite comme monument impérial de la nouvelle capitale du monde musulman, et dont les magnifiques mosaïques relèvent également du thème triomphal, exercera une influence prépondérante sur le développement de la mosquée. Certains éléments, tels que le minaret, y apparaissent pour la première fois et se voient codifiés comme composants essentiels de l'édifice religieux. En outre, son plan — cour avec arcades et salle de prière à travées parallèles à la *qiblah* et coupées par une nef axiale plus large — est adopté par la mosquée umayyade.

C'est aussi à cette première période qu'appartiennent les châteaux umayyades déjà mentionnés où le goût du luxe se manifeste par une ornementation variée et somptueuse. Le plus vaste de ces châteaux, connus comme « châteaux du désert » à cause de leur environnement actuel, est Mshatta, en Jordanie, et

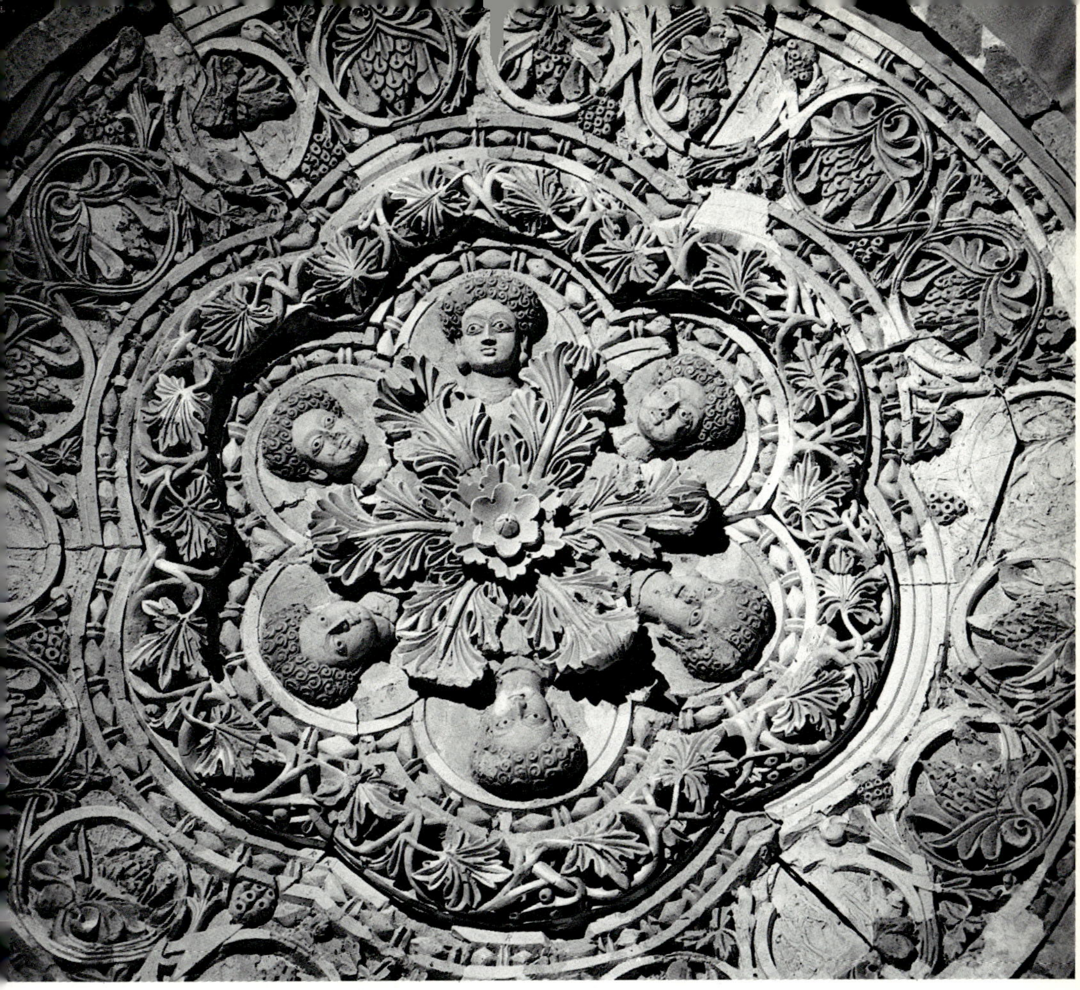

Khirbat al-Mafjar, décor de stuc. Période umayyade VIIIe siècle. Photo Schrodl.

celui qui déploie le programme décoratif le plus ambitieux est Khirbat al-Mafjar, en Palestine.

Le faste et l'importance des grands monuments classiques de la première dynastie furent égalés par les constructions de la dynastie suivante. Avec l'accession au pouvoir des califes abbassides en 750, c'est l'Iraq, avec Baghdad et Samarra comme capitales successives, qui devient le centre du monde musulman et du rayonnement de l'art et de l'architecture. L'architecture religieuse de l'Iraq est représentée par deux énormes mosquées construites à Samarra au IXe siècle. Elles se distinguent des mosquées syriennes par leurs proportions, l'emploi de la brique dans la construction et leurs minarets en spirale, rappels de la tradition locale des ziggourats babyloniennes. A la mosquée d'Abu-Dulaf, le plan classique de la mosquée à cour et piliers se définit par l'élargissement de la nef médiane et de l'allée le long du mur de la *qiblah*. Ce

Plan du château de Mshatta, 744-750 D'après Creswell.

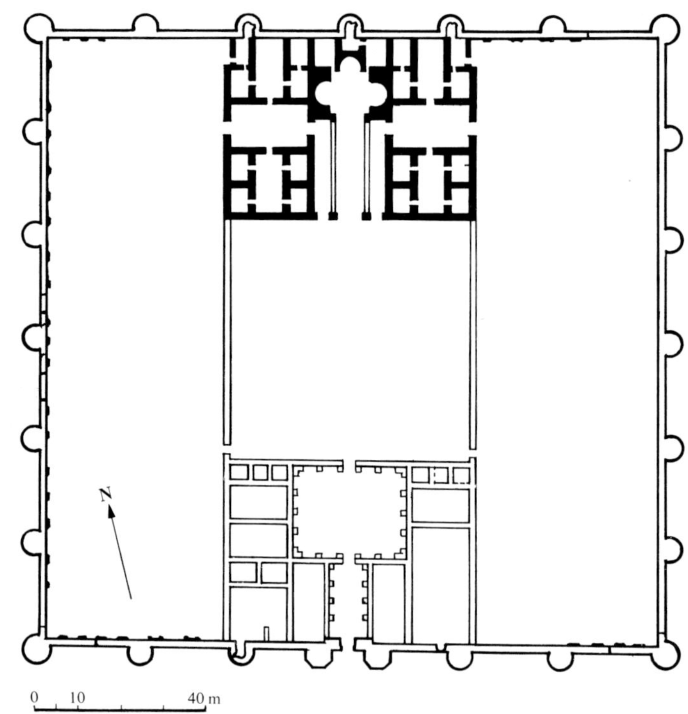

Ci-dessous : *Samarra, plan de la mosquée d'Abu-Dulaf, 851-861. D'après Papadopoulo,* op. cit.

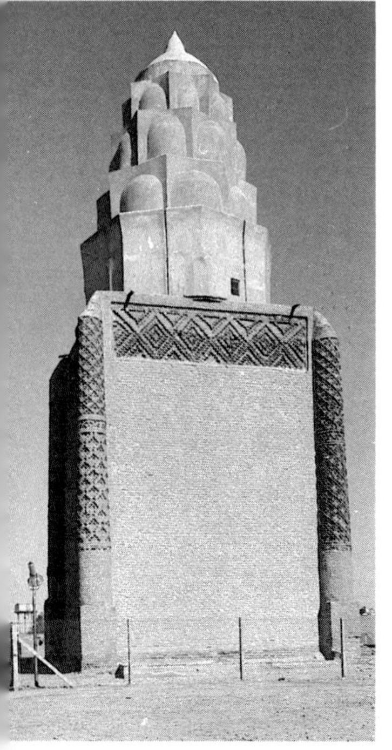

Samarra, mausolée de l'imam al-Durr, 1085-1086. Photo J. Mazenod, op. cit.

plan organisé autour d'un T influencera la mosquée égyptienne et deviendra le plan type en Afrique du Nord.

C'est aussi en Iraq, pays des constructions de brique, que le dôme de *muqarnas* fait son apparition. Le premier exemple d'une série de ces dômes est celui de l'imam al-Durr construit au XIe siècle non loin de Samarra, dont les alvéoles en nids d'abeilles de l'extérieur se répètent à l'intérieur. On observera ce phénomène à Damas au XIIe siècle, comme unité globale à la

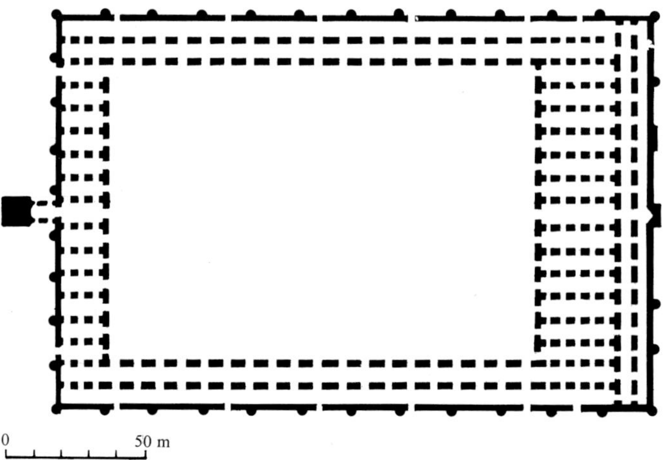

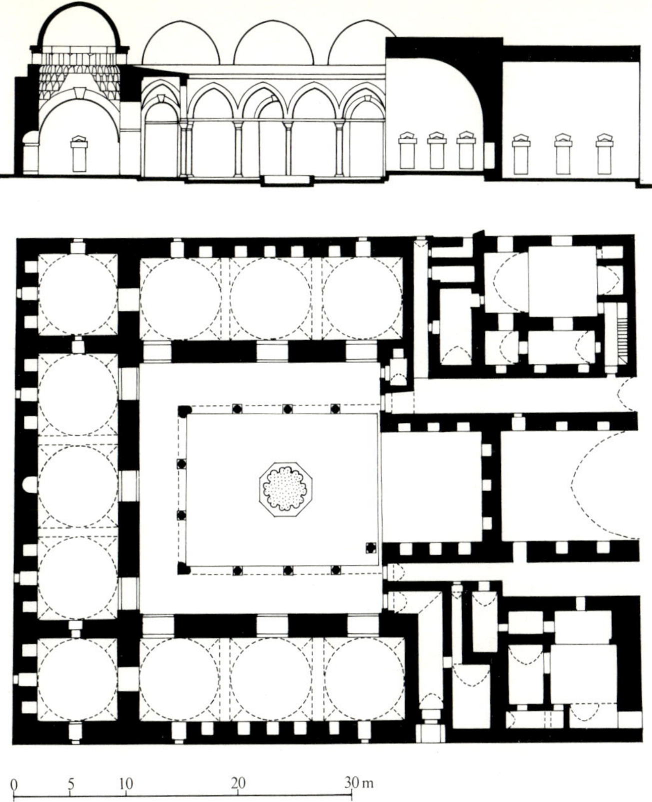

Alep, coupe et plan de la madrasa *al-Firdos, 1235-1236. D'après* L'Architecture de l'Islam, *Office du Livre.*

madrasa Nuriyyah al-Kubra (1172) ou en coupe longitudinale sur le portail de l'hôpital de Nur al-Din (1154). De ce moment, le portail de *muqarnas* deviendra le portail par excellence en Syrie et en Égypte sous les Ayyubides et les Mamluks et en Anatolie sous les Seljuks.

Outre les grands édifices, on voit se multiplier dans les villes des monuments secondaires : petites mosquées de quartier, mausolées, couvents pour les ordres mystiques, hôpitaux, *hammams*, *khans* et *madrasas*. De toutes les *madrasas* de Syrie connues pour l'excellence de leur construction en pierre de taille et la sobriété de leur ornement, on retiendra en particulier la *madrasa* Adiliyya de Damas (1222) et la *madrasa* al-Firdos, à Alep.

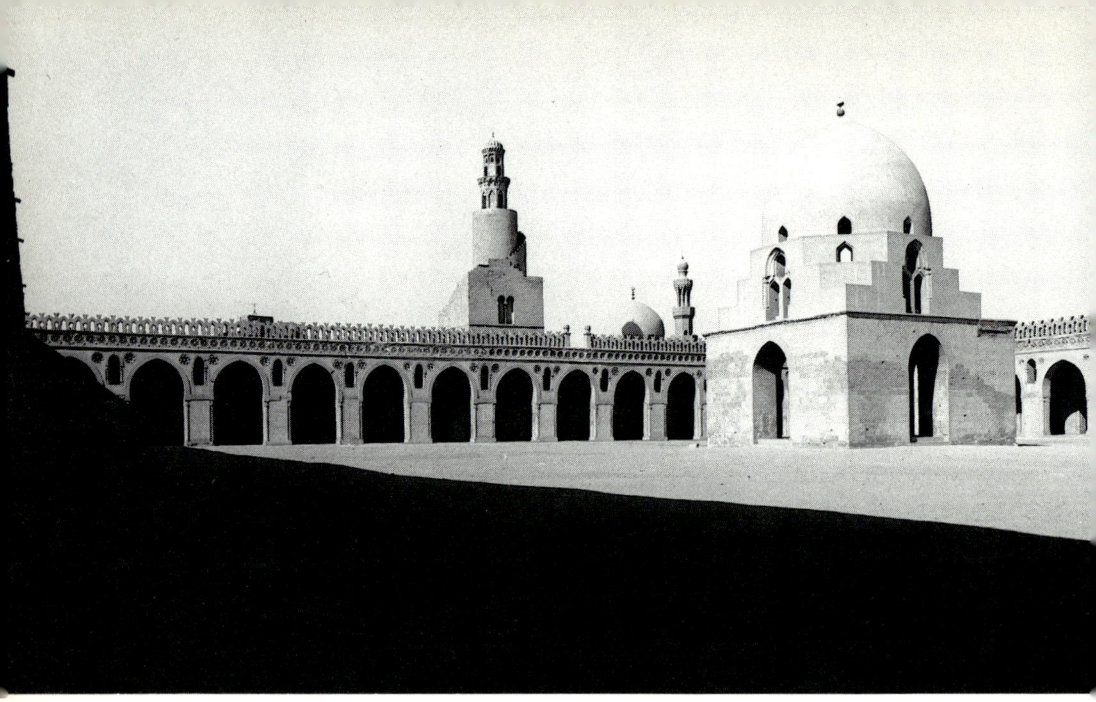

Le Caire, mosquée d'Ibn Tulun, 879. Photo B. Balestrini.

Le Caire, mosquée d'al-Hakim, 990-991. Reconstitution d'après Creswell.

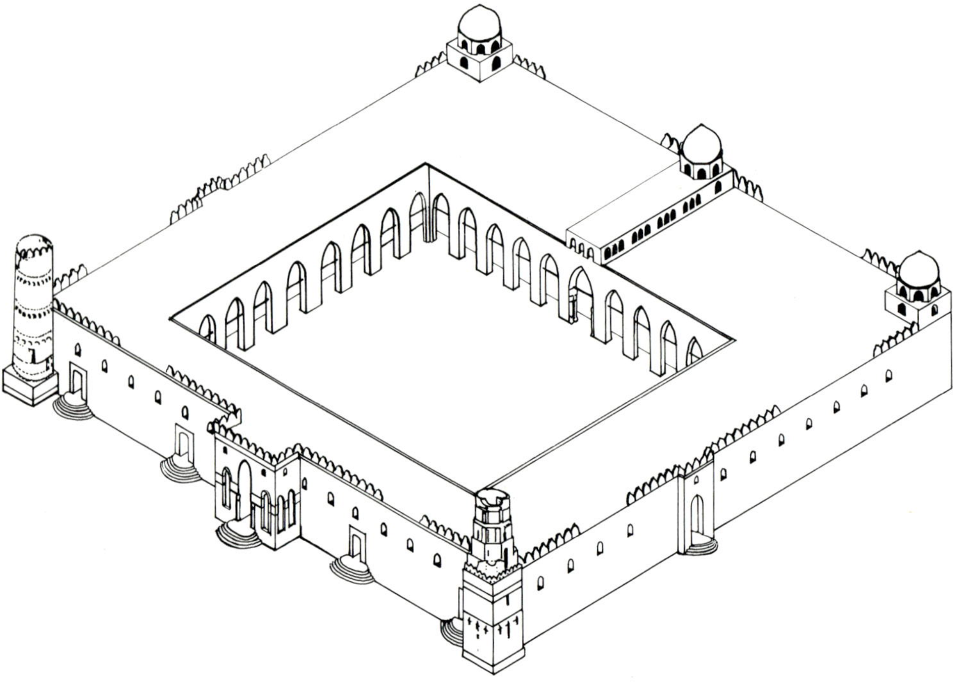

L'ARCHITECTURE EN ÉGYPTE

Du premier siècle de l'Hégire, l'Égypte possède un grand édifice religieux : la mosquée d'Amr, à Fustat. Souvent agrandie et remaniée, cette vaste mosquée à cour du temps de la conquête emprunte ses colonnes et chapiteaux aux monuments antiques.

La seconde grande mosquée est une mosquée abbasside d'une grande beauté. Construite par Ahmad Ibn Tulun, qui gouverna l'Égypte au IXe siècle, elle reflète l'origine iraqienne de son fondateur. A l'instar des mosquées de Samarra, c'est un vaste monument de brique avec cour intérieure encadrée de portiques, piliers de brique, minaret en colimaçon et aires extérieures ou *ziyadats*. La décoration de stuc et de bois témoigne également du contact direct avec Samarra.

Les Fatimides ayant établi un pouvoir indépendant des Abbassides et construit une première capitale à Mahdiya, en Tunisie, conquirent l'Égypte et fondèrent la ville du Caire, en arabe *al-Qahirah* (la Triomphante), en 969 de notre ère. Le centre de gravité du monde islamique se déplaça alors de Baghdad au Caire et la vie artistique y trouva une continuité aussi bien qu'un épanouissement nouveau. Dans les palais fatimides détruits au cours des siècles suivants pour faire place aux nouveaux monuments érigés par les Mamluks,

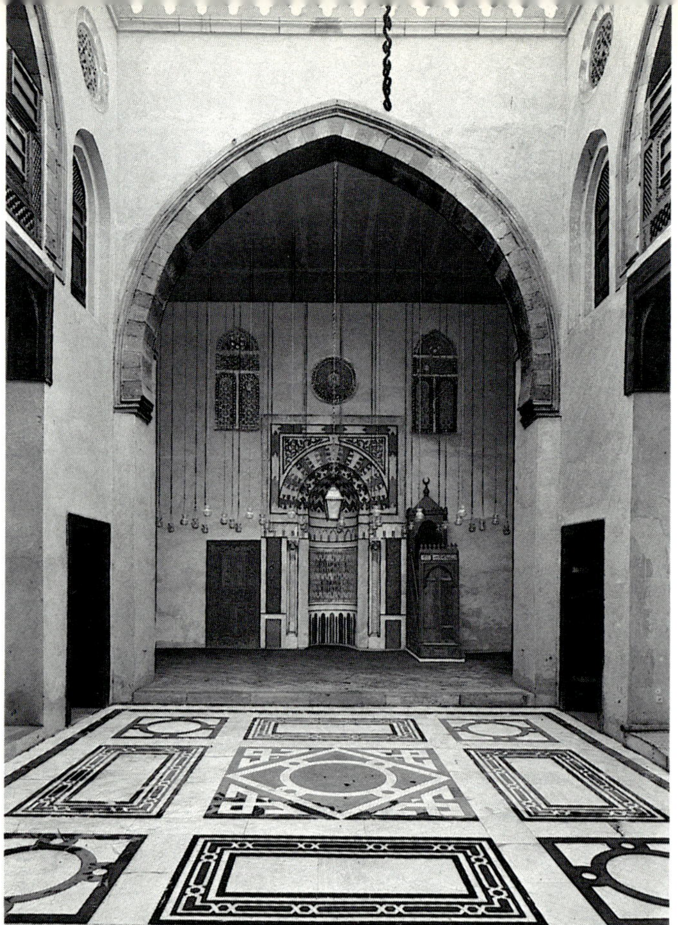

Le Caire, madrasa *de l'amir Mithqal, 1361-1374. Photo Johannes, Institut allemand d'archéologie de Damas.*

se déploya une vie de cour d'un faste brillant. Elle inspira le décor architectural et celui des objets d'une étonnante richesse de thèmes, de styles et de représentations figurées.

Si la mosquée al-Azhar, qui deviendra la première université islamique, constitue la plus ancienne fondation religieuse des Fatimides, c'est celle d'al-Hakim (990-1003) qui, par son caractère distinctif de mosquée, avec façade au portail monumental en saillie et flanqué de minarets en forme de tour, est de forme essentiellement fatimide.

Le califat fatimide prit fin avec l'accession au pouvoir de l'amir kurde Saladin, en 1171. Soldat de l'Islam, Saladin construisit une citadelle au Caire et les sultans de la lignée, les Ayyubides, élevèrent des mausolées pour vénérer les pieux personnages de l'Islam et des *madrasas* pour restaurer l'orthodoxie. Parmi ces dernières, la plus importante est celle de l'imam Shafi'i.

Sous les Mamluks qui gouvernèrent l'Égypte de

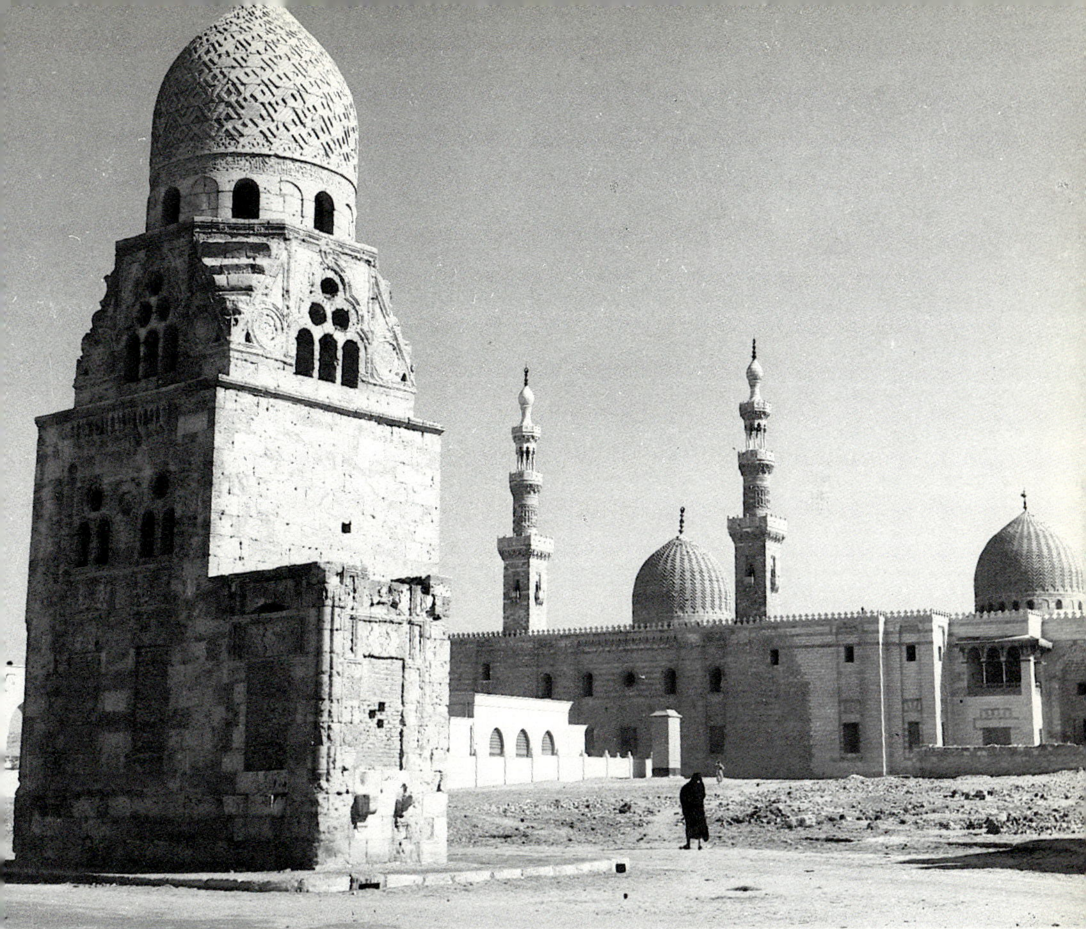

Le Caire, cimetière mamluk de la Qarafah. Photo Roger-Viollet.

1250 à 1517, Le Caire fut doté d'un très grand nombre de monuments qui se distinguent par leur taille imposante et la richesse de leur ornementation. Monuments religieux, les mosquées, *madrasas* et mausolées font surtout étalage de la richesse, de la puissance et de l'ambition de leurs fondateurs. Les éléments visibles de l'extérieur et de loin, tels que les façades, les dômes et les minarets, sont conçus avec une attention particulière en vue de capter et d'éblouir la vue du spectateur.

L'exemple le plus majestueux de ces constructions mamluks est incontestablement la *madrasa* du sultan Hasan (1356-1359), gigantesque édifice, dépassant par ses dimensions monumentales toute autre *madrasa*. La splendeur de l'architecture se révèle partout : articulation de la façade, portail de *muqarnas*, composition intéressante du plan aux quatre *iwans* pour les quatre rites de l'Islam, énorme mausolée dans l'axe de la *qiblah*, le tout d'une excellente maçonnerie de pierre de taille décorée à l'intérieur d'une marqueterie de marbre polychrome d'une richesse et d'une variété extraordinaires.

Outre les complexes imposants de Qala'un, du sultan Hasan et de Barquq, les Mamluks ont érigé de nombreux monuments d'une grande beauté tels que les mosquées d'al-Nasir Muhammad et d'al-Maridani et la *madrasa* de Barquq. D'autres, plus modestes et souvent conçus en tenant compte de l'exiguïté du terrain dans une ville congestionnée, à angle avec la ligne de la rue ou à l'étage comme la *madrasa* de l'amir Mithqal, sont néanmoins importants par l'harmonie de leur plan et le programme de leur décoration de marbre et de bois travaillé.

La puissance et la gloire des sultans et des amirs mamluks sont aussi immortalisées au cimetière de la Qarafah du Caire où les mausolées qui se côtoient témoignent de leur richesse.

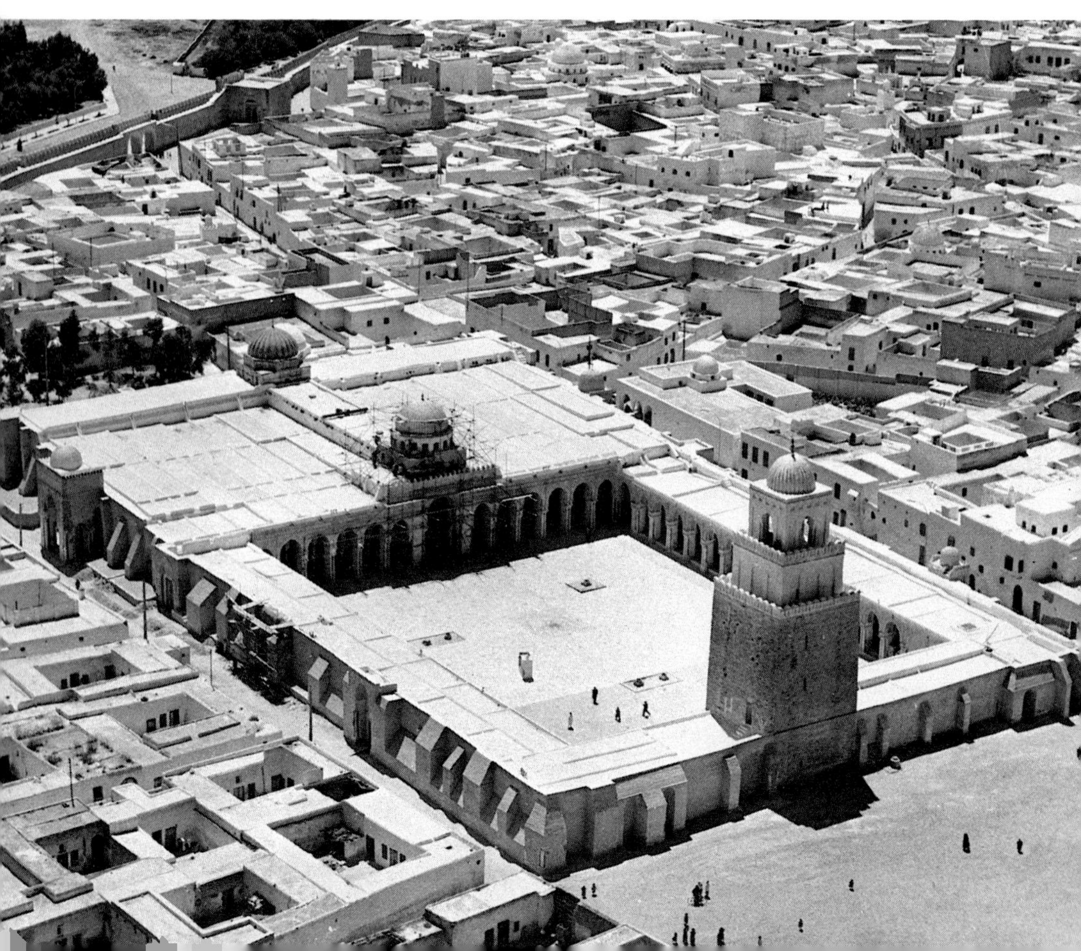

L'ARCHITECTURE EN ESPAGNE ET AU MAGHREB

Kairouan, la Grande Mosquée, 836. Photo R. Wood.

En Espagne et en Afrique du Nord, comme dans d'autres parties du monde musulman, quelques monuments des débuts influenceront l'architecture des siècles à venir. C'est le cas de la Grande Mosquée de Kairouan, en Tunisie, et de la Grande Mosquée de Cordoue, en Espagne.

Construite en 670, lors de la conquête arabe, puis reconstruite en 836 comme on la connaît aujourd'hui, la Grande Mosquée de Kairouan demeure le monument clef de l'architecture aghlabide. Par l'organisation de sa salle de prière, dont la nef centrale, plus large et plus haute que les autres, forme avec l'allée de la *qiblah* un T, et par certains de ses éléments tels que les coupoles sur la nef axiale, le dôme à cannelures et le minaret carré à étages, elle dominera l'évolution de l'architecture en Afrique du Nord.

En Espagne umayyade, la Grande Mosquée de Cordoue est non seulement l'exemple le plus parfait de la flexibilité extrême de la mosquée à cour, qui subit ici quatre extensions, mais elle rassemble aussi plusieurs éléments architecturaux et décoratifs originaux qui seront repris dans les monuments à venir et deviendront caractéristiques de l'architecture musulmane d'Occident. Les arcs et les coupoles décomposés et recomposés en arcs polylobés et en coupoles articulées perdent ainsi leur unité et leur aspect

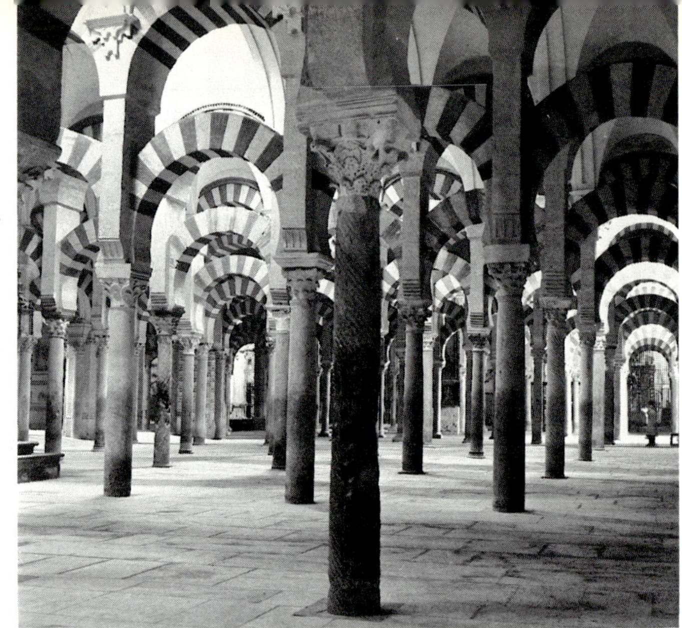

Cordoue,
la Grande Mosquée,
Xe siècle.
Photo Roger-Viollet.

fonctionnel pour satisfaire l'effet décoratif. Le *mihrab* richement orné et formant pièce à part et le minaret de forme carrée serviront également de modèles.

Sous les dynasties berbères du XIe au XIIe siècle, le centre de rayonnement artistique passe de l'Andalousie au Maroc et l'architecture nord-africaine développe son expression propre à partir de formes élaborées à Kairouan et à Cordoue. Grands bâtisseurs de mosquées, les Almoravides nous laisseront la

Cordoue,
la Grande Mosquée,
Xe siècle.
Dôme surmontant
le mihrab.
Photo B. Balestrini.

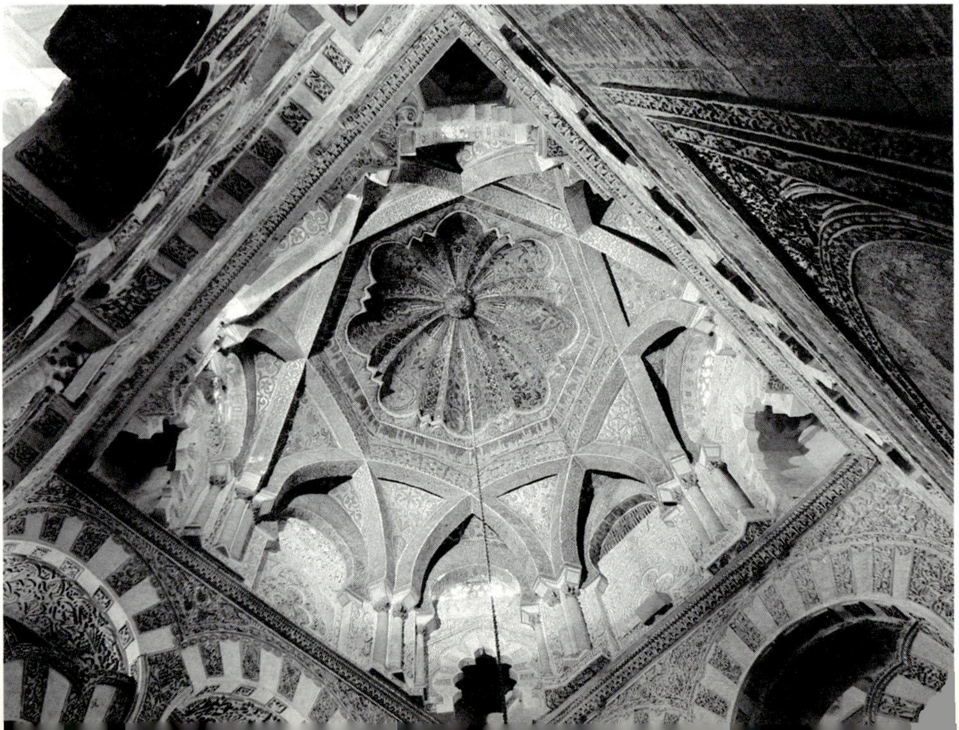

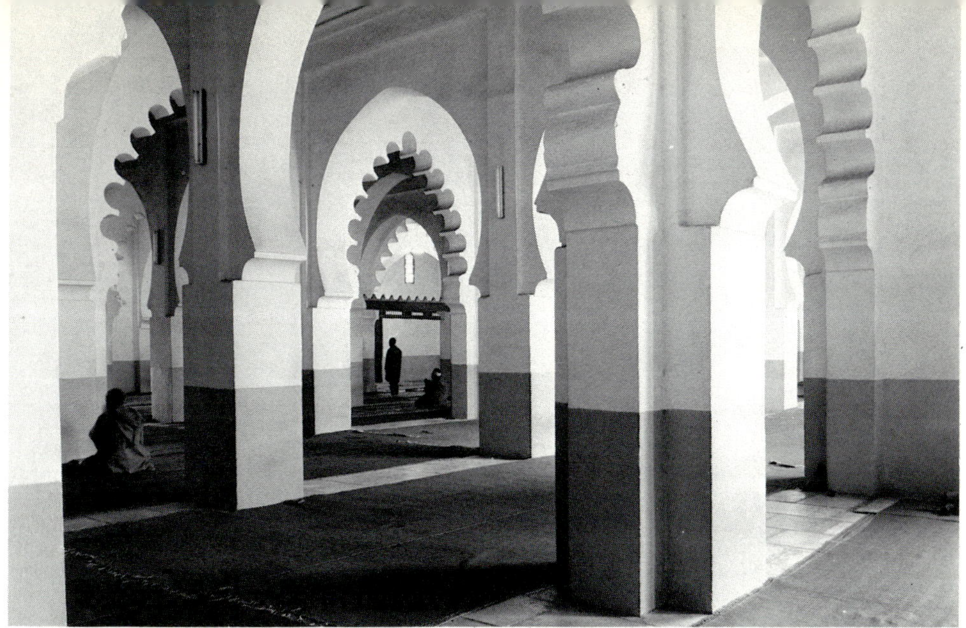

Grande Mosquée d'Alger, la Grande Mosquée de Tlemcen et la mosquée Qarawiyyn de Fès (1157). Leurs successeurs les Almohades construiront la Kutubyyah de Marrakesh (XIIe siècle), la Grande Mosquée de Tinmal (1153), la mosquée de Hasan à Rabat (fin du XIIe siècle) ainsi que celle de Séville, dont il ne reste que le minaret. Les traits essentiels de cette architecture sont le plan en T — le *mihrab* formant pièce importante —, les arcs en fer à cheval

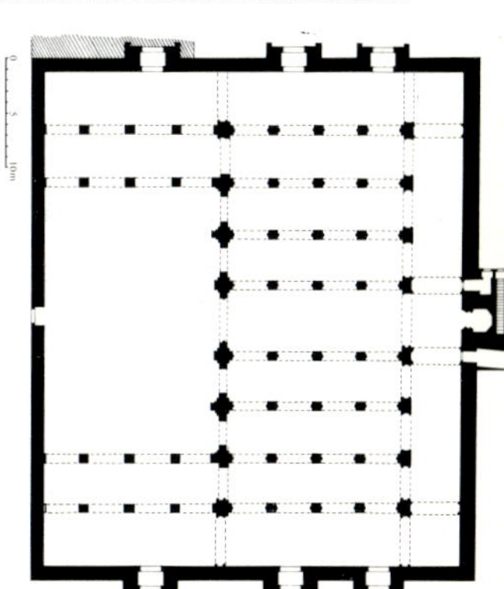

Tinmal, *plan de la Grande Mosquée, 1153-1154. D'après Marçais.*

Alger, salle de prière de la Grande Mosquée, fin du XIe siècle. Photo B. Balestrini.

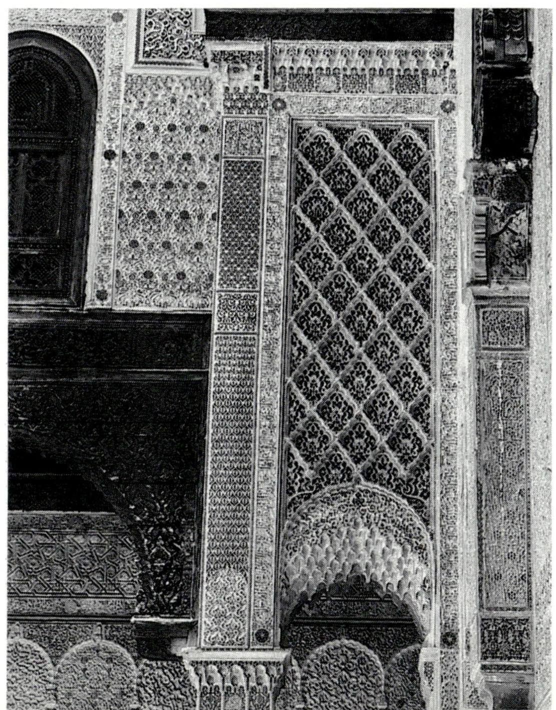

Fès, madrasa *al-Attarin, 1350-1355. Décoration en plâtre. Photo J. Powell.*

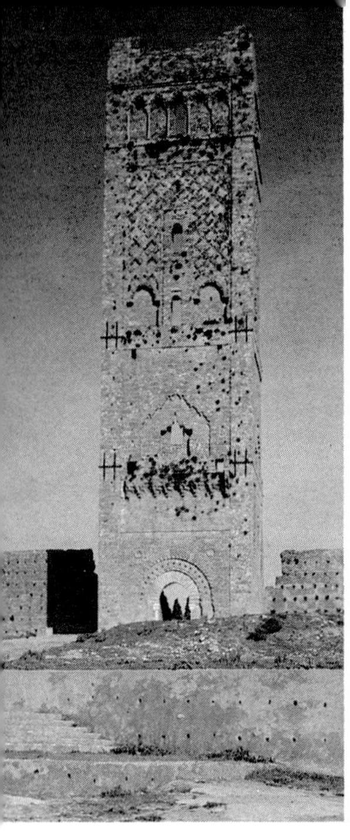
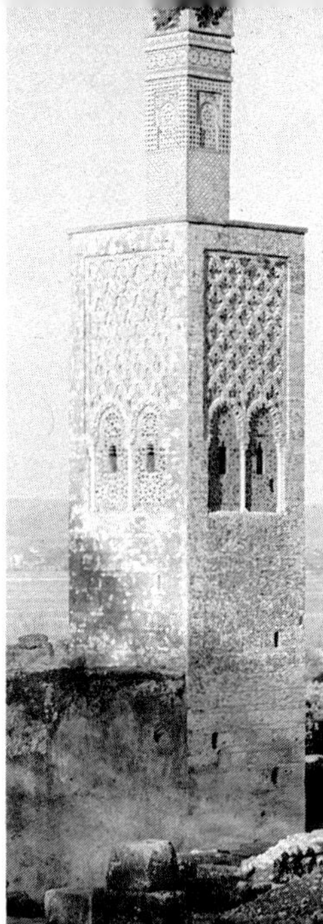
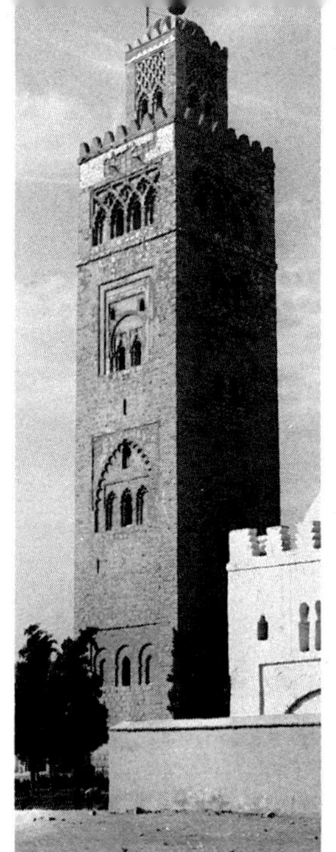
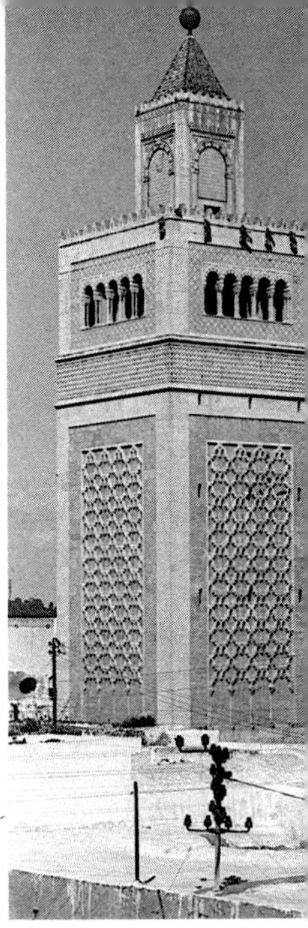

Minarets : Tlemcen, Mansourah, XIVe siècle ; Marrakesh, Kutubyyah, 1125-1130 ; Rabat, nécropole de Chellah, 1310-1339 ; Tunis, mosquée de la Zaytuna, 990-995. Photos J. Mazenod, op. cit.

et polylobés, les coupoles d'angle et les minarets carrés avec ornements caractéristiques d'entrelacs architecturaux, rinceaux de losanges et fenêtres géminées.

Au cours du XIVe siècle, l'architecture musulmane de l'Occident est en général plus modeste (sauf l'exceptionnel Alhambra), mais la décoration couvrante atteint sa pleine maturité. A la *madrasa* al-Attarin de Fès (1350-1355), par exemple, nous observons la richesse exubérante du décor de plâtre ciselé et moulu et tous les thèmes caractéristiques de la décoration islamique réunis. Enfin, il faut aussi mentionner l'existence de nombreux palais et résidences princières et officielles dont Madinat al-Zahra, construite non loin de Cordoue au Xe siècle, et la Qalaa des Banu Hammad, du XIe siècle, de même que de multiples fortifications militaires, citadelles, enceintes, remparts et les portes monumentales si caractéristiques de l'Afrique du Nord, dont les plus importantes sont celles de Rabat et de Marrakesh.

L'ARCHITECTURE EN TURQUIE

C'est à la toute fin du XIIe siècle que les Seljuks furent assez bien installés en Anatolie pour entreprendre d'importantes constructions. Venus d'Iran, ils rencontrèrent en Asie Mineure une tradition islamique syrienne ainsi que des traditions chrétiennes locales byzantines et arméniennes. De ce contact naîtra un art seljukide anatolien de caractère distinctif et original qui se manifeste en un éclectisme intéressant et une fusion d'éléments disparates.

Dans le domaine de l'architecture religieuse, la mosquée est introduite en Anatolie par la conquête musulmane. Si la mosquée à cour de type méditerranéen est utilisée au XIIe siècle et si la mosquée à quatre *iwans* de type iranien apparaît au début du XIIIe siècle, c'est un nouveau type de mosquée essentiellement anatolien qui se développe au XIIIe siècle et se répand à travers le pays. Ses caractéristiques majeures sont la suppression de la cour, l'organisation intérieure, qui consiste en un espace couvert conçu en unités de baies, la construction en pierre et la façade typique avec portail de *muqarnas* encadré de deux minarets.

Les *madrasas*, au XIIIe siècle, sont construites systématiquement par la bourgeoisie dans les villes et villages de l'Anatolie. La *madrasa* de type iranien, telle qu'elle est développée en Syrie — avec cour à ciel découvert, deux ou trois *iwans*, le tombeau du fondateur

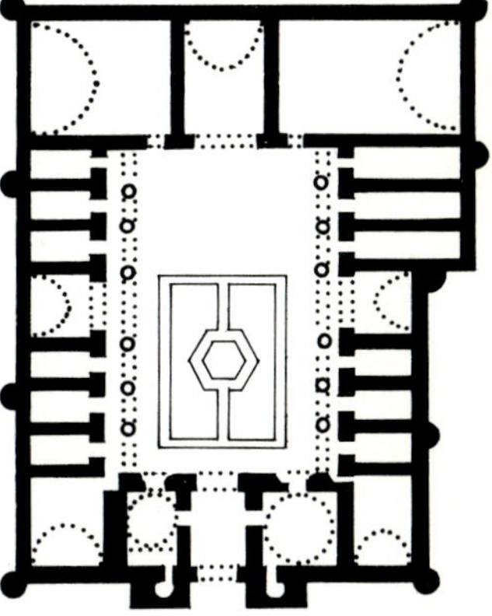

Sivas, Gök madrasa, *plan.*

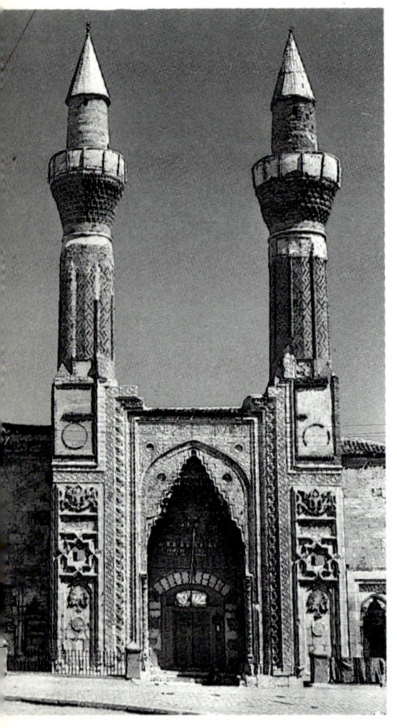

Sivas, Gök madrasa, *1271. Photo Yan.*

et des cellules pour étudiants —, est très fréquente. Elle se distingue par sa façade accentuée par le portail anatolien dont les plus beaux exemples se trouvent à Kayseri et à Sivas.

Parallèlement se développe aussi un type de *madrasa* spécifiquement anatolien où la cour centrale est remplacée par un dôme. C'est nécessairement un édifice de proportions plus réduites mais qui garde, à part l'abandon de la cour, les mêmes éléments que le précédent. Les deux plus beaux spécimens de ce type sont à Konya, capitale seljukide, et datent du milieu du XIIIe siècle.

Les mausolées sont nombreux en Anatolie. Fréquemment ils se rattachent, comme tombeaux de fondateurs, à des *madrasas*, hôpitaux ou caravansérails, mais souvent aussi ce sont des monuments individuels, parsemés à travers le pays. Malgré de multiples variantes, ils répondent tous aux mêmes canons : construction de pierre avec corps polygonal percé d'une porte ornée, surmontée d'un toit conique ou pyramidal avec coupole intérieure et, en dessous, une crypte avec transition de « triangles turcs ».

Dans l'architecture civile du XIIIe siècle, les hôpitaux jouissent de la générosité de nombreux bienfaiteurs (les plus célèbres sont ceux de Sivas et de Divrigi). Cependant, les constructions les plus spectaculaires de l'Anatolie seljukide demeurent les caravansérails présentés plus haut.

Les Seljuks ont fait revivre l'art de la sculpture. L'ornementation sculptée des édifices étonne par la variété des représentations figurées où entrent aigles, lions, créatures ailées, arbres de vie aussi bien que représentations zodiacales et planétaires.

La période dite des émirats (1300-1500), qui assure la transition entre la période seljukide et la période ottomane classique, fut aussi un temps d'activité architecturale importante, surtout dans les capitales respectives de Brousse et d'Edirne. Le monument qui exercera le plus d'effet sur l'évolution de la mosquée classique ottomane sera la Uç-Sherifeli d'Edirne. Son plan comporte une partie couverte dominée par une coupole imposante, une partie adjacente à ciel ouvert entourée de coupoles et quatre minarets pointus faisant partie intégrante de la construction.

Avec la conquête de Contantinople, les grandioses mosquées ottomanes font leur apparition. Elles sont

Konya, plan de la madrasa *Ince Minare, 1260-1265. D'après Arseven.*

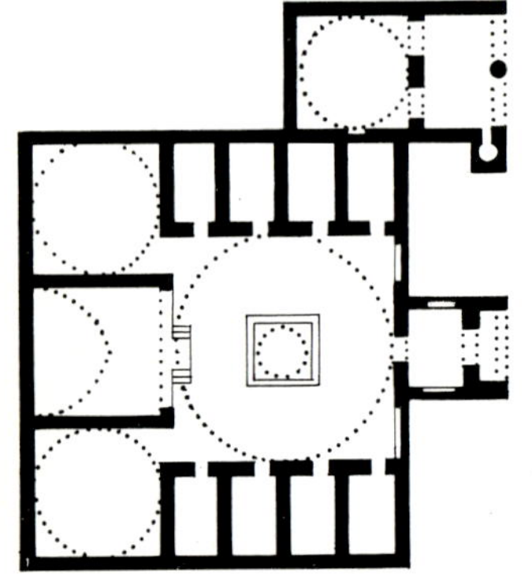

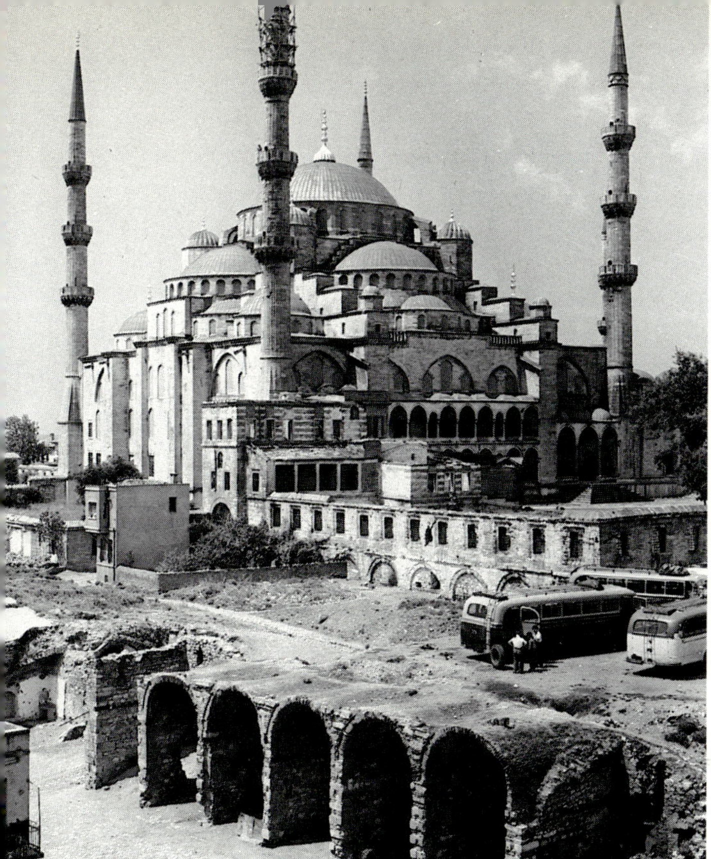

Istanbul, mosquée du sultan Ahmad, 1609-1617. Photo Yan-Rapho.

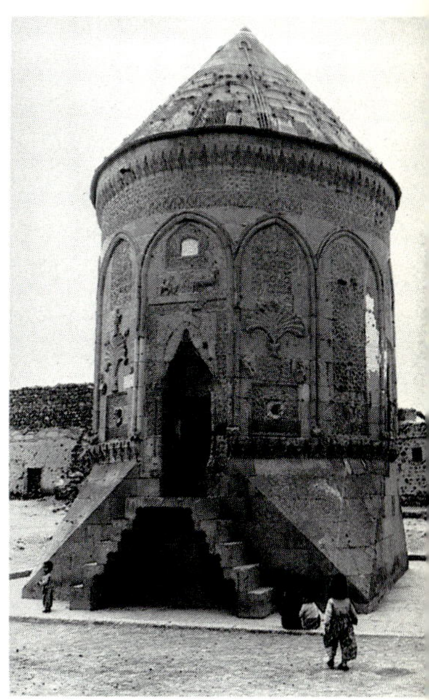

Kayseri, mausolée Döner Kümbet, 1275. Photo B. Balestrini.

construites par les sultans, et l'architecte à qui nous devons le profil actuel d'Istanbul est Sinan. Ces mosquées ont pour caractéristique majeure l'unité d'espace sous un gigantesque dôme épaulé de coupoles mineures. Elles s'accompagnent toujours d'une cour encadrée de coupoles et de nombreux minarets minces et effilés. Les plus imposantes sont celles de Bayazid II (1504), la Sehzade (1543-1548) et la Mihrimah. Il arrive aussi que les mosquées ottomanes soient intégrées à de véritables centres civiques connus sous le nom de *Kulliyehs* et qui comprennent dans leur enceinte : *madrasa*, mausolée, hôpital, bibliothèque, dépendances et cuisine. Parmi les plus importantes, notons la Süleymaniye (1556) et la mosquée du sultan Ahmad (1609-1617), appelée aussi mosquée Bleue à cause de son revêtement mural de tuiles d'Iznik.

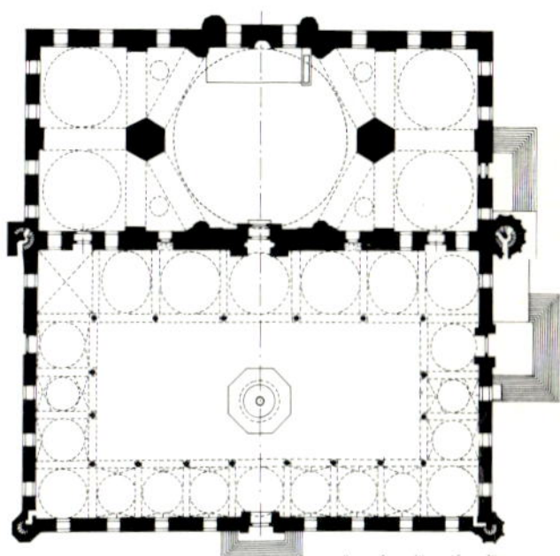

Edirne, plan de la mosquée Uç-Sherifeli, 1438-1447. D'après A. Kuran.

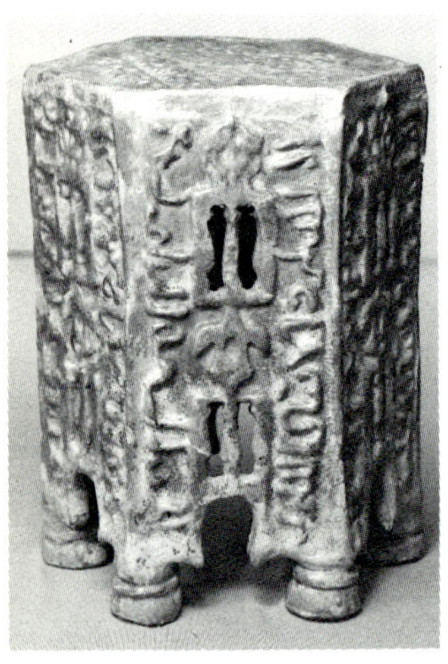

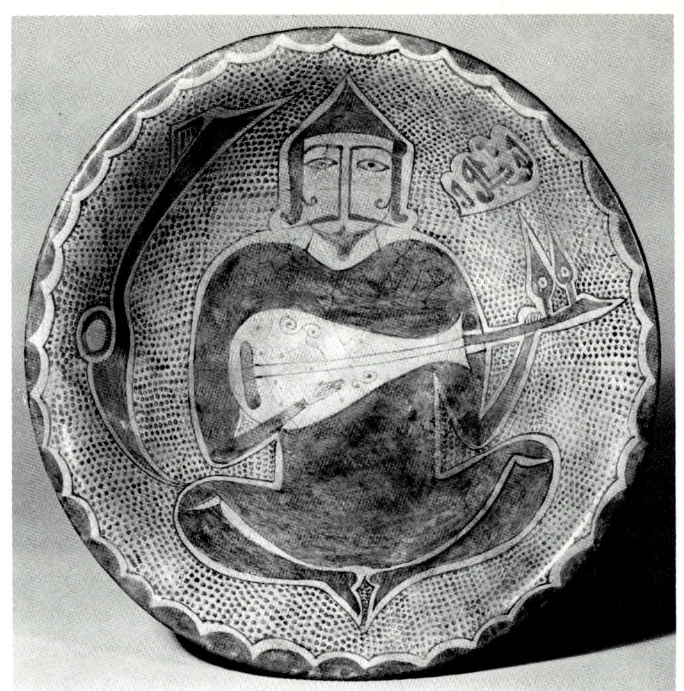

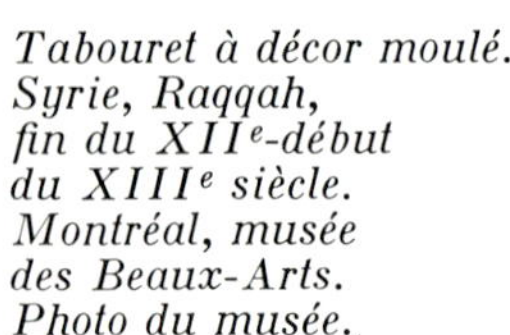

Tabouret à décor moulé. Syrie, Raqqah, fin du XIIe-début du XIIIe siècle. Montréal, musée des Beaux-Arts. Photo du musée.

Bol à reflet métallique. Iraq, période abbasside, Xe siècle. Washington, Freer Gallery of Art. Photo du musée.

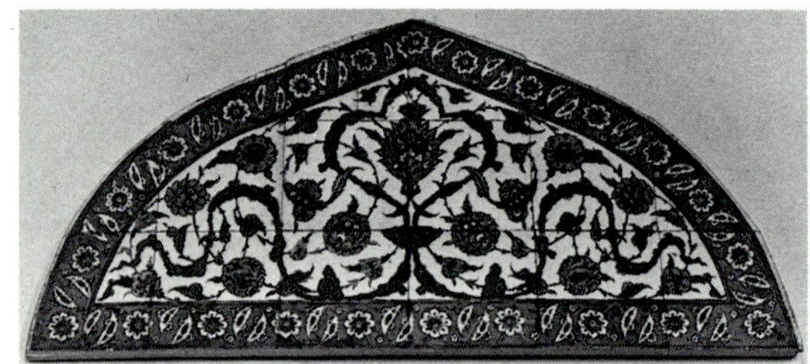

Panneau de revêtement en céramique. Turquie, Iznik. Paris, musée du Louvre. Photo Musées nationaux.

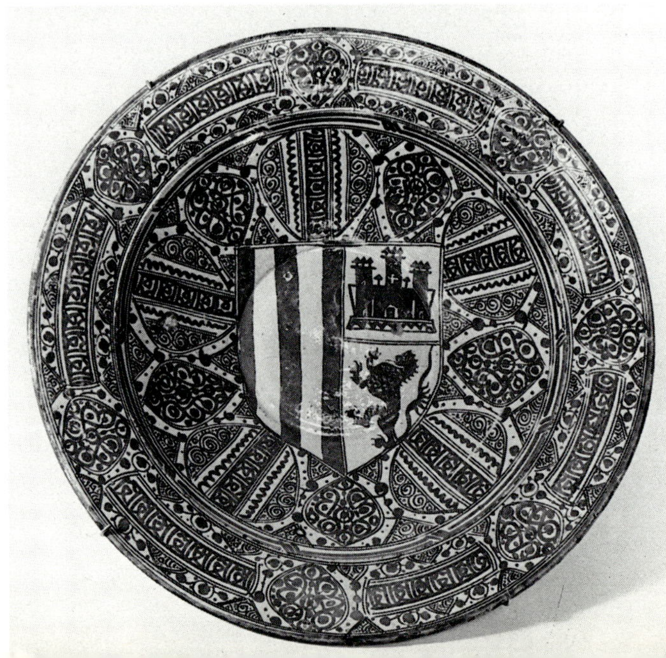

Plat hispano-mauresque. Espagne, première moitié du XVe siècle. Sèvres, musée national de la Céramique. Photo Musées nationaux.

LES OBJETS

La céramique

De tous les arts industriels des pays de l'Islam, la céramique demeure le véhicule par excellence de l'expression artistique. Les potiers et céramistes, travaillant pour une clientèle très variée, ont laissé une production d'objets divers dans un vaste éventail de styles, de formes et de techniques, dont la préoccupation majeure paraît être le décor de la surface.

Au IXe siècle, c'est dans la capitale abbasside de Samarra que se développent les premières techniques originales. Inspirés par les objets somptueux en or et en métal, les potiers utilisent des oxydes de cuivre et d'argent qui confèrent au décor un lustre métallique appelé à connaître un grand succès. A la fin du Xe siècle, on retrouve ce procédé en Égypte où les maîtres potiers ornent leurs pièces de thèmes fort originaux en lustre jaune.

Perfectionnée en Espagne par les artisans musulmans, la faïence lustrée fait de Malaga au XIVe et de Manisse au XVe siècle les centres de céramique les plus prestigieux au monde. Ces poteries hispano-mauresques jouissaient d'une si grande faveur que les familles princières et nobles d'Espagne les commandaient pour leurs services de table et y faisaient apposer leurs écussons.

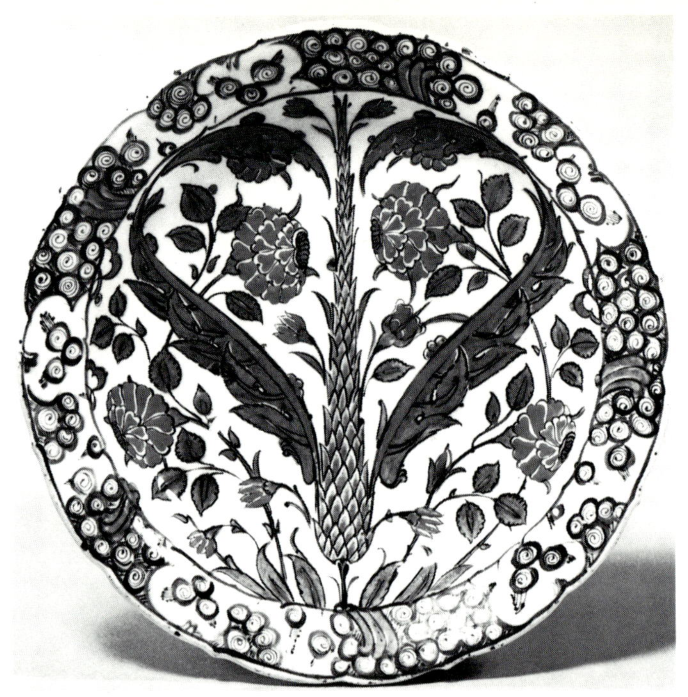

Plat à décor émaillé. Turquie, Iznik, XVIe siècle. Washington, Freer Gallery of Art. Photo du musée.

En Syrie, tout particulièrement aux XIIe et XIIIe siècles, on observe une production assez importante. Les céramistes, d'abord influencés par les techniques iraniennes qu'ils s'efforcent de reproduire, développent bientôt leur propre style au décor peint en noir sous glaçure turquoise ou blanche. A cette époque, la ville de Rakka est un véritable centre de production dont la spécialité est la glaçure monochrome bleu turquoise et les objets à usage domestique tels que les lampes, les socles, les tables et les tabourets.

En Turquie, sortent de la ville d'Iznik d'imposantes quantités de vaisselle de luxe pour la cour ottomane de même que des carreaux de revêtement pour les nombreux monuments nouveaux. La forte teneur en silice de l'argile d'Iznik produisait à la cuisson un haut degré de vitrification et des couleurs brillantes fort admirées en Europe. Caractéristiques de cette production sont les plats polychromes aux compositions florales naturalistes, bien équilibrées et entourées d'une bordure de vagues et de nuages chinois.

Les métaux

Le travail du bronze et du cuivre a toujours joui d'une grande estime dans le monde islamique et nombreux sont les objets d'art — aiguières, coupes, plateaux, bassins, bougeoirs, brûle-parfum et écritoires — pour lesquels diverses techniques ont été utilisées en vue d'obtenir une ornementation toujours plus riche de la surface.

Parmi les bronzes islamiques les plus anciens figurent quelques rares aiguières umayyades du VIIIe siècle, de forme archaïque, aux becs verseurs en forme d'oiseaux, tandis que de l'Espagne umayyade nous sont parvenus plusieurs bronzes fondus de formes zoomorphes au décor gravé et qui servaient aux Xe et XIe siècles comme pièces de fontaines. Parallèlement, en Égypte fatimide, on fabriquait également de grandes sculptures animales pour les palais du Caire.

Ce sont, cependant, les ateliers de Mosul, en haute Mésopotamie, qui firent, au XIIIe siècle, la renommée des métaux arabes ouvragés et incrustés. Des dynasties familiales de bronziers et de dinandiers excellaient dans l'art de l'incrustation des métaux précieux et produisaient des chefs-d'œuvre de grande beauté. Ces objets de cuivre au décor repoussé, ciselé et incrusté d'argent, présentent une organisation décorative semblable, fondée sur une suite de bandes horizontales souvent interrompues par des médaillons et comprenant des inscriptions, frises animales et compositions figuratives telles que scènes de chasse ou activités princières.

Sous les Ayyubides et les Mamluks, la technique de l'incrustation se maintient, mais les motifs décoratifs varient. En Syrie ayyubide, le répertoire iconographique s'élargit jusqu'à emprunter de nombreuses scènes chrétiennes, et, à l'époque mamluk, c'est la calligraphie qui domine et qui prête un caractère distinctif aux objets exécutés, en Syrie comme en Égypte, pour les sultans du Caire.

Partout aussi, les joailliers travaillent les métaux précieux et les transforment en bijoux royaux et princiers. On conserve surtout des pendentifs et des boucles d'oreilles où les pièces filigranées, ajourées, ciselées et parfois rehaussées de pierres précieuses ou d'émaux sont fréquentes. Les spécimens les plus nombreux que l'on retrouve aujourd'hui dans les musées viennent de l'Afrique du Nord où, dès le XVIe siècle, l'influence andalouse est prépondérante.

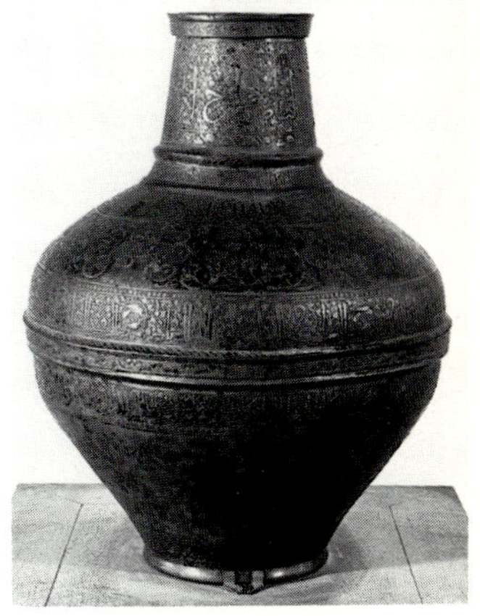

Vase en cuivre repoussé, ciselé, incrusté d'argent. Syrie (Damas ou Alep), 1237-1260. Paris, musée du Louvre. Photo Musées nationaux.

Collier à pendentif en forme d'oiseau. Or, pierres précieuses et émaux. Fès, fin du XVIe-début du XVIIe siècle. Paris, musée des Arts africains et océaniens. Photo Musées nationaux.

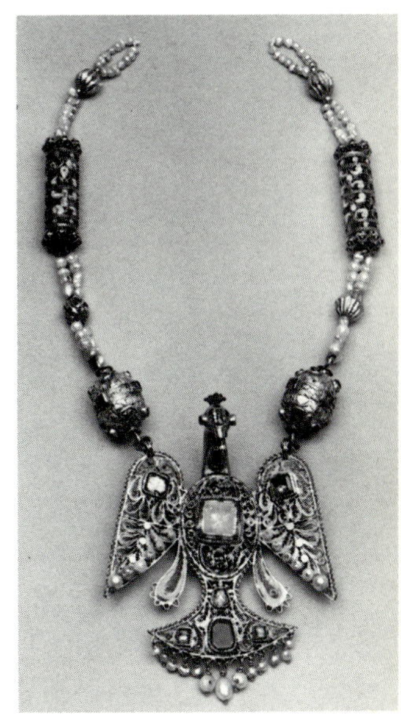

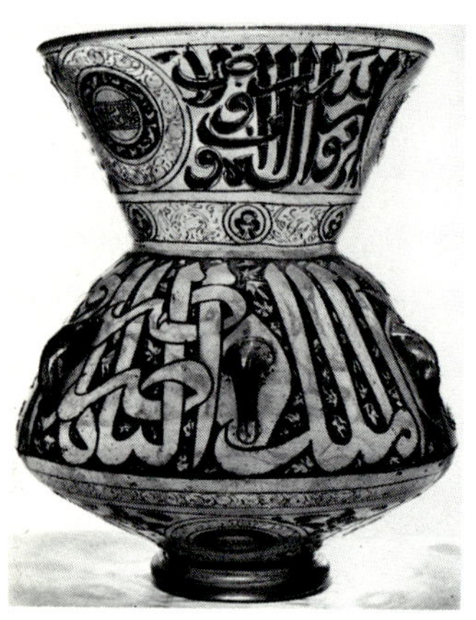

Lampe de mosquée émaillée et dorée. Syrie, milieu du XIVe siècle. Paris, musée du Louvre. Photo Musées nationaux.

Le verre

Technique méditerranéenne ancienne, la fabrication du verre s'est développée dans le monde musulman pour répondre surtout aux demandes princières. L'art de la verrerie était fort apprécié par les cours abbassides d'Iraq et fatimides du Caire et nombreux sont les gobelets, flacons et coupes produits pour leurs besoins.

Le travail du verre demeura assez longtemps un art traditionnel aux formes, styles et décors étroitement liés aux créations classiques. L'évolution purement islamique d'ordre décoratif consiste en l'application en surface d'une ornementation polychrome. Il s'agit d'abord d'un décor à reflet métallique élaboré dans les ateliers du Caire, suivi d'un décor émaillé, fort ambitieux, qui fera la renommée des maîtres verriers du XIVe siècle. De tous les objets de verre enrichis d'émail polychrome et de dorures, les lampes de mosquée sont les plus typiques. Fabriquées en Syrie pour une clientèle essentiellement égyptienne, elles sont généralement ornées sur le col et la panse de deux bandes calligraphiées, l'une en émail, l'autre en réserve sur un fond d'émail, qui reproduisent des versets coraniques et les titres du sultan qui les a commandées ainsi que ses armoiries.

L'ivoire

L'ivoire, matériau précieux importé d'Afrique orientale, fut utilisé par les artisans musulmans qui le sculptaient, le peignaient ou l'incrustaient dans la marqueterie.

L'apogée du travail de l'ivoire se situe à Cordoue, vers la fin du Xe siècle. Les ateliers de cette ville produisaient des boîtes et des coffrets richement ouvrés, destinés, comme en témoignent les inscriptions, aux princes umayyades d'Espagne. Les boîtes cylindriques et les coffrets rectangulaires qui nous sont parvenus sont de qualité et de forme variables mais présentent un même programme ornemental.

Sur un fond de motifs végétaux stylisés, se détachent animaux et personnages empruntés aux thèmes de la vie princière et souvent organisés en médaillons et en cartouches.

Pyxide en ivoire au nom d'al-Mughira. Cordoue, 968. Paris, musée du Louvre. Photo Musées nationaux.

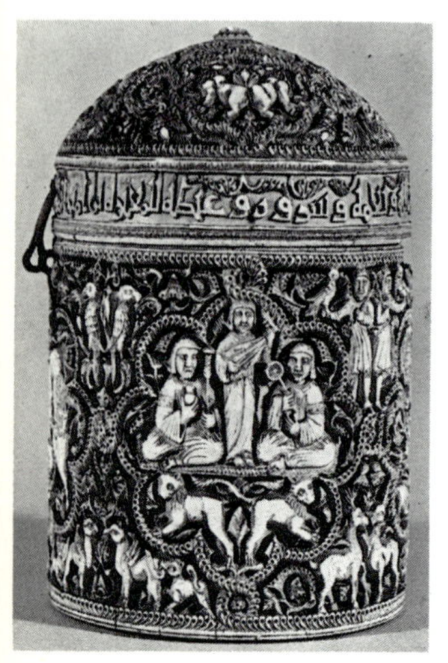

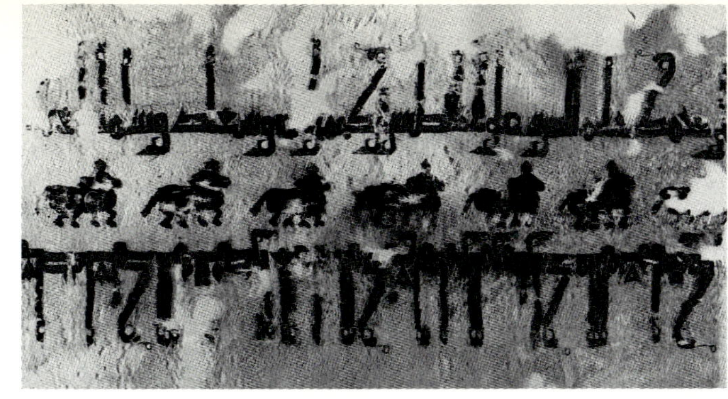

Fragment de tissu tiraz *en toile, soie et fils d'or. Egypte, période abbasside, Xe siècle. Montréal, musée des Beaux-Arts. Photo du musée.*

D'autres coffrets, généralement rectangulaires, mais peints plutôt que sculptés, sont attribués aux ateliers musulmans de la Sicile normande des XIIe et XIIIe siècles.

Les tissus

L'art du tissage occupait une place de choix dans l'artisanat islamique et sa manufacture, comme celle des métaux précieux, était contrôlée par l'État. Au Moyen Age, les tissus de luxe faisaient l'objet d'un commerce important et maintes soieries utilisées en Occident provenaient des métiers des tisserands musulmans.

Les récits des chroniqueurs témoignent de l'admiration des ambassadeurs envoyés à la cour abbasside devant la variété et la somptuosité des tentures, rideaux et costumes et, plus tard, les croisés enveloppèrent leurs saintes reliques dans de luxueux tissus islamiques.

Aux premiers siècles de l'Hégire, l'Égypte était un grand centre textile et les ateliers de tissage impériaux, dits *tiraz*, y produisaient les robes d'honneur que les califes octroyaient comme récompenses importantes ou présents royaux. Ces vêtements d'apparat étaient ornés de bandes épigraphiques qui indiquaient généralement le nom et l'endroit de la manufacture ainsi que le nom et les titres du gouvernant sous le règne duquel ils avaient été fabriqués.

La brillante production fatimide marqua beaucoup l'Espagne musulmane où dominaient les dessins géométriques et les couleurs rouge et or. Celle-ci à son tour influencera les textiles marocains connus pour les lampas à fil d'or produits dans les ateliers de Fès.

En Turquie ottomane, l'art du tissage professait la même prédilection pour les motifs floraux que les

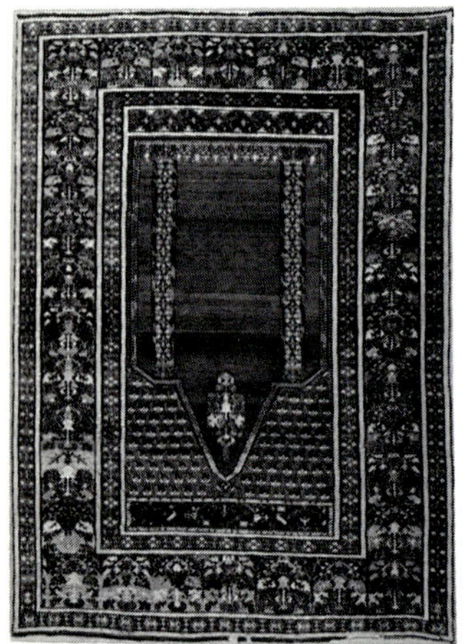

Tapis de prière. Turquie, Gördes, XVIIIe siècle. Berlin, Staatliche Museen, Museum für Islamische Kunst. Photo du musée.

autres arts de l'époque et les ateliers de Brousse se spécialisèrent dans les velours si appréciés en Italie.

Quant aux tapis, ils jouirent en tout temps d'une grande renommée. Les tapis les plus anciens parvenus jusqu'à nous viennent d'Anatolie et datent du XIIIe siècle; suivent les tapis mamluks d'Égypte, qui datent du XVIe siècle. Dès la Renaissance et jusqu'à nos jours, les tapis islamiques furent exportés à travers le monde et les peintures européennes témoignent de leur utilisation dans les milieux aristocratiques et bourgeois. Pour une clientèle locale et musulmane furent créés des tapis de prière ornés d'une niche indiquant l'orientation vers La Mecque. Les très belles créations de la Turquie ottomane donnèrent le ton à une longue tradition.

L'art du livre

L'art du livre est, sans aucun doute, le plus prestigieux des arts de l'Islam. Le goût du livre existait chez les califes et les princes, qui se sont entourés d'importantes bibliothèques, aussi bien que chez le public bourgeois, grand amateur d'œuvres littéraires et scientifiques.

Le Coran et la calligraphie

Les premiers manuscrits furent des textes du Coran écrits en Mésopotamie, en caractères angulaires kufiques, à l'encre brune sur parchemin de format horizontal. Ils ne comportaient que quelques lignes monumentales sur chaque page.

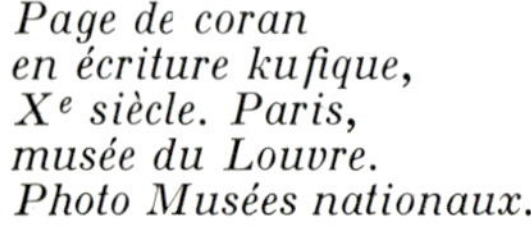

Page de coran en écriture kufique, Xe siècle. Paris, musée du Louvre. Photo Musées nationaux.

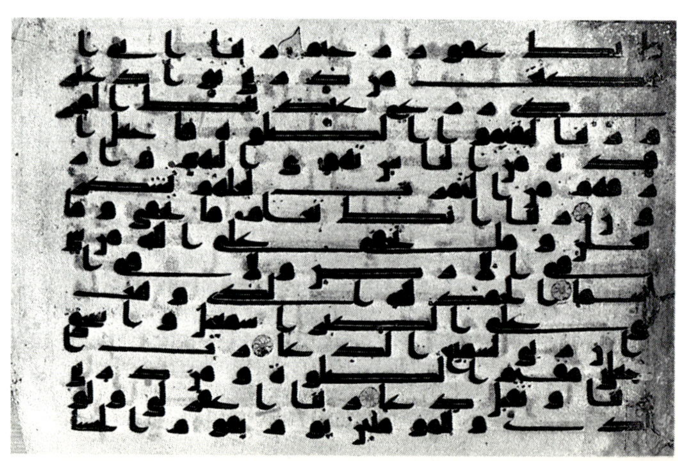

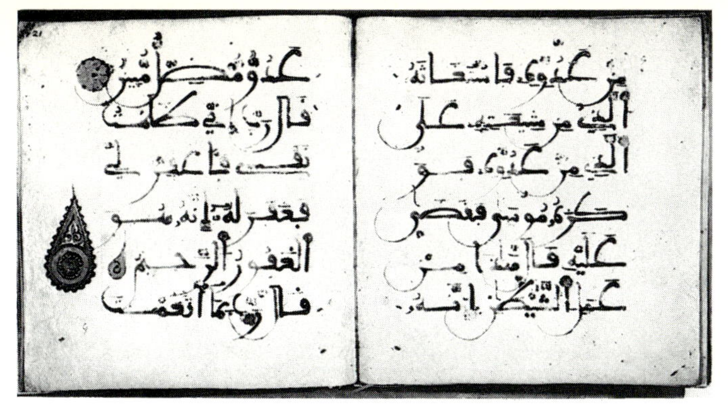

Deux pages de coran en écriture maghrébienne, *XIIIe-XIVe siècle. Londres, British Library. Photo de la bibliothèque.*

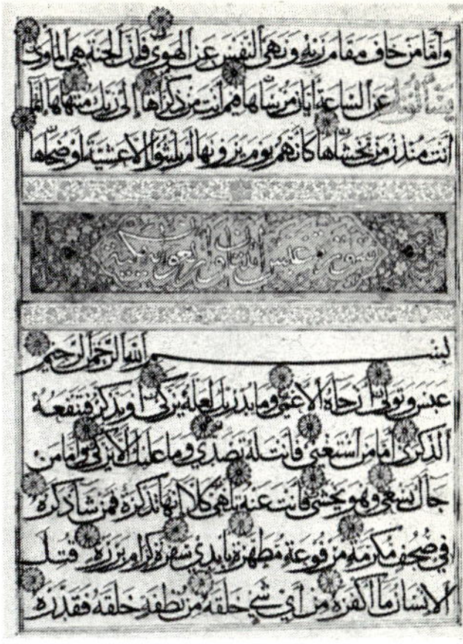

Page de coran en écriture thululh. *Egypte, XIVe siècle. Washington, Freer Gallery of Art. Photo du musée.*

En faveur du VIIIe au Xe siècle, le *kufic* fut délaissé dans les siècles suivants au profit d'un style cursif, le *naskhi*, plus arrondi et plus souple et qui adoptera des variantes régionales. En Occident, à partir du XIIe siècle, les corans sont transcrits en script *maghribi*, d'un caractère arrondi particulier encore en usage au Maroc et en Algérie, tandis que sous les Mamluks, aux XIVe et XVe siècles, le *thululh* est perfectionné et couvre de ses formes gracieuses et facilement lisibles les immenses pages des corans.

Les corans étaient recouverts de belles reliures de cuir gaufré et doré. Aux deux plats traditionnels de la couverture, s'ajoutait un élément spécifiquement islamique consistant en un rabat rattaché au plat inférieur et destiné à envelopper le manuscrit. Le cuir des reliures les plus anciennes était simplement incisé mais, dès le XIVe siècle, le médaillon central ouvragé au petit fer et partiellement doré et les écoinçons qui en répètent le dessin deviennent la norme. Avec le temps, la décoration prit plus d'ampleur et la dorure devint plus abondante.

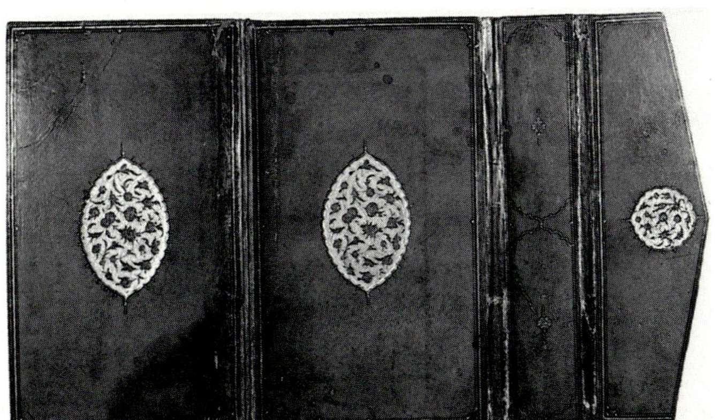

Reliure de coran en cuir gaufré et doré. Période ottomane, vers 1600. Washington, Freer Gallery of Art. Photo du musée.

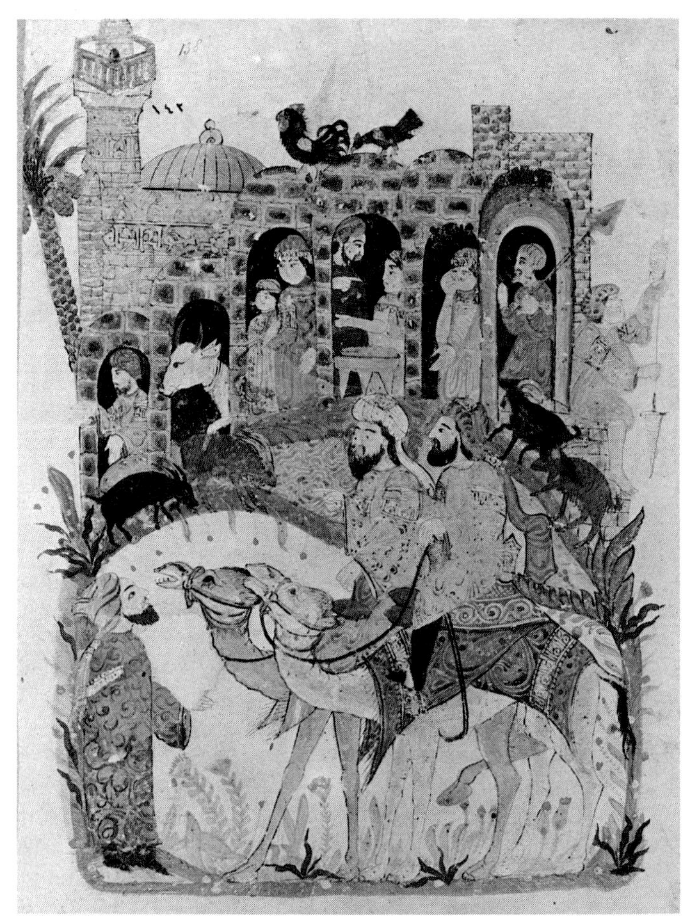

Discussion près d'un village, *Séances d'al-Hariri* (Maqamat). *Baghdad, 1237. Paris, Bibliothèque nationale. Photo B.N.*

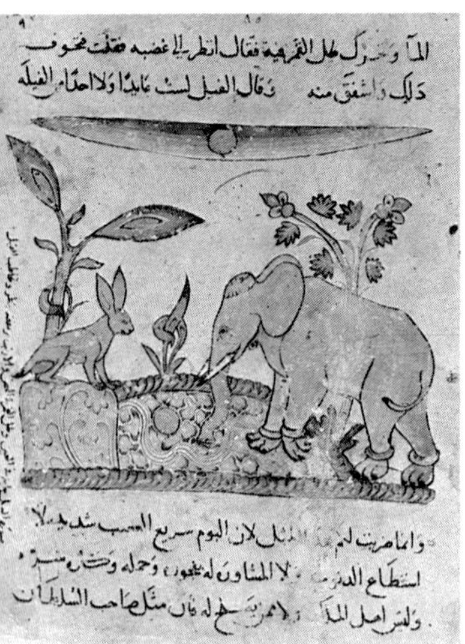

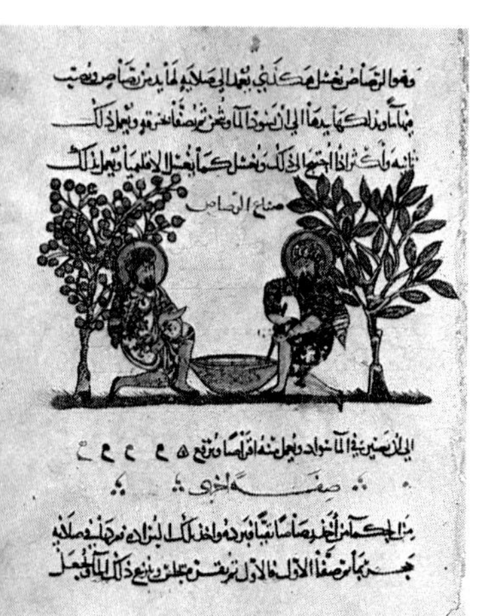

Les lettres et les sciences

C'est au tout début du XIIIe siècle et à la cour abbasside que les œuvres littéraires arabes ou traduites en arabe commencent à être enluminées. Les miniatures ajoutent une valeur certaine aux textes littéraires, qui parfois n'ont pas besoin d'illustrations imagées. Les peintres de l'école de Baghdad saisissent d'ailleurs tous les prétextes pour agrémenter la page de scènes de genre tirées de la vie quotidienne. Tel est le cas par exemple des célèbres *Maqamat* ou Séances d'al-Hariri qui relatent les aventures d'un vagabond beau parleur. Également, les fables indiennes de Bidpaï, qui décrivent les aventures de deux chacals, Kalila et Dimna, et servent d'enseignement aux souverains, connaissent un très grand succès et sont généreusement illustrées.

Parallèlement, les textes scientifiques font partie

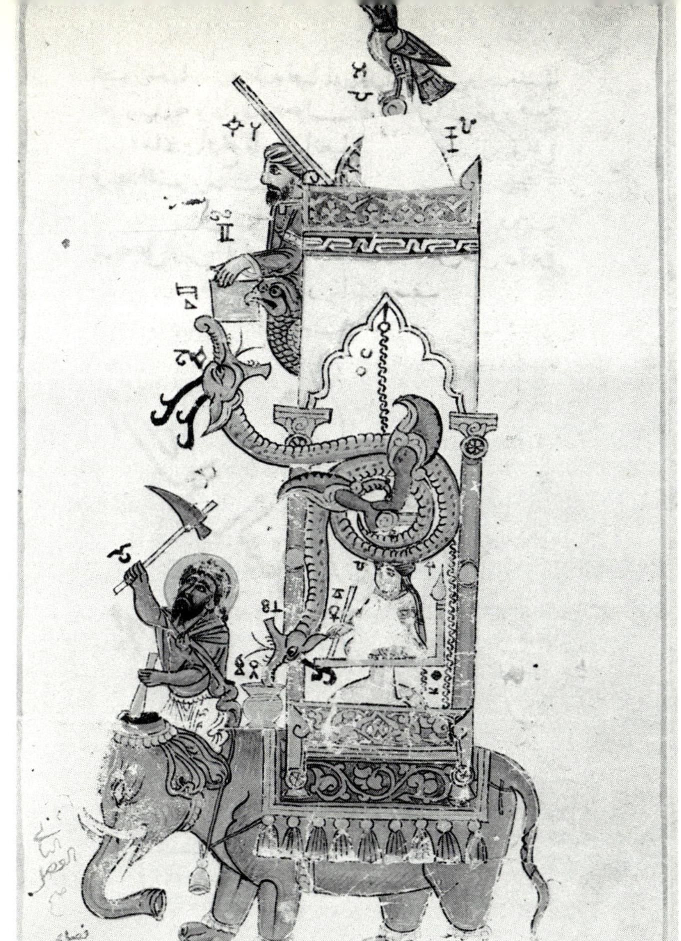

L'horloge à l'éléphant, *page de l'*Automata *ou* Livre de la connaissance des procédés mécaniques *composé par al-Jazari. Syrie, 1315. New York, Metropolitan Museum of Art, legs Cora Timken Burnett, 1957. Photo du musée.*

Page 62 : L'éléphant et le lièvre, *fables indiennes de Bidpaï. Egypte ou Syrie, XIVe siècle. Paris, Bibliothèque nationale. Photo B.N.*

des premiers ouvrages souvent recopiés et illustrés. Ce sont, par exemple, des ouvrages de physique, d'astronomie et de médecine, dont le plus célèbre est *De materia medica* de Dioscoride, traité de médecine grecque traduit en arabe et abondamment illustré de plantes et de personnages. Un autre ouvrage, inspiré par les plaisirs princiers et connu comme l'*Automata*, est un traité sur les procédés mécaniques, composé par al-Jazari et illustré de maintes représentations qui en dépeignent le fonctionnement.

A la cour ottomane, les sultans, avides collectionneurs et mécènes avertis, attirent à Istanbul les grands calligraphes et peintres de leur temps et sous leur impulsion l'école de peinture turque connaît une gloire et un rayonnement jusque-là inégalés.

Page 62 : La fabrication du plomb, *feuillet détaché du traité de Dioscoride,* De materia medica. *Baghdad, 1222. Paris, musée du Louvre. Photo Musées nationaux.*

TABLE DES MATIÈRES

Iconographie : Gisèle Namur
Dessins et plans : Claudine Caruette

Achevé d'imprimer en septembre 1991,
sur les presses de l'Imprimerie de l'Indre, à Argenton-sur-Creuse.
N° d'éditeur : 0375 - Dépôt légal : mai 1983 - N° d'imprimeur : 14357